Till Raether

Hab ich noch Hoffnung, oder muss ich mir welche machen?

Rowohlt Polaris

Die Arbeit des Autors wurde gefördert durch ein Zukunftsstipendium
der Behörde für Kultur und Medien Hamburg.

Originalausgabe
Veröffentlicht im Rowohlt Taschenbuch Verlag,
Hamburg, Januar 2024
Copyright © 2024 by Rowohlt Verlag GmbH, Hamburg
Copyright © 2023 by Till Raether
Covergestaltung HAUPTMANN & KOMPANIE
Werbeagentur, Zürich
Satz aus der DTL Haarlemmer
Gesamtherstellung CPI books GmbH, Leck
ISBN 978-3-499-01186-3

«Woran denken Sie?», fragte er, hatte keine
Hoffnung, nur die Sehnsucht nach einer Hoffnung,
und verlor sie, als sie ihn mit einem langsamen,
zärtlichen Lächeln ansah. «Ich? An nichts»,
sagte Franziska.

Brigitte Reimann: «Franziska Linkerhand»

Inhalt

1. Wichtigtuerei und Überheblichkeit

Wir saßen vor dem Fernseher, als das Telefon klingelte. Meine Mutter ging ran und kam kurz danach zurück: «Für dich.» Ich begab mich zur Schrankwandecke, wo das Telefon stand, und setzte mich auf den Stuhl mit dem geflochtenen Polster. Das musste man bei uns, um bequem telefonieren zu können, das Telefonkabel war so kurz, dass man den Apparat kaum anheben, geschweige denn woandershin mitnehmen konnte. Durch die offene Zimmertür konnte ich weiter auf den Fernseher schauen. Ich war noch recht gefesselt von dem Film, der da lief. Aber das änderte sich schlagartig, als ich durchs Telefon hörte: Die Amerikaner fliegen einen Angriff. Wir müssen etwas tun.

Ich bin nicht in einem Kriegsgebiet aufgewachsen, mein Leben war nie durch Hunger, Gewalt, Armut oder Naturkatastrophen bedroht. Die Umstände in diesem April 1986 waren vergleichsweise undramatisch. Neun Tage zuvor hatte es in West-Berlin, wo ich lebte, einen Anschlag auf eine Diskothek gegeben, das La Belle. Drei Menschen starben, 229 wurden verletzt. Menschen, die meinem Alter und meiner Lebenswirklichkeit nah waren: Ich war siebzehn. Allerdings ging ich nur selten in Discos. Meine Themen waren Bücher, Zeitungen, Mädchen und Angst vor dem Atomkrieg, ein bisschen auch vor dem Waldsterben und dem sauren Regen. Ich erinnere mich, dass das Attentat aufs La Belle in der Zeitung stand und dass wir zu Hause darüber sprachen. Ich erinnere mich, dass ich schockiert war und dass ich mir die Situation mit Entsetzen ausmalte. Aber ich war nicht besonders alarmiert.

Das lag einerseits daran, dass ich mir mehr Sorgen über das atomare Wettrüsten machte als darüber, ich könnte Opfer eines Anschlags werden. Terrorismus gehörte zu unserer Lebenswirklichkeit. Drei Jahre zuvor hatte mein Vater aus seinem Büro an der Uhlandstraße angerufen, um uns zu sagen, dass gegenüber im Maison de France eine Bombe explodiert sei, im Hintergrund hörte ich Sirenen. Wir, und damit meine ich Kinder und Jugendliche in meinem Alter, arrangierten uns damit: Wenn wir auf Kursfahrt in London waren, waren die Mülleimer zugeschweißt, damit die IRA keine Bomben darin verstecken konnte. Also steckten wir uns den Müll in die Jackentaschen. Seit dem Anschlag auf das Münchner Oktoberfest 1980 ging ich nicht mehr auf den Rummel. Fast eine Art Kaltblütigkeit, die sich auch in meiner Reaktion auf die Toten und Verletzten vom La Belle zeigte: Es war schlimm, und manchmal kam es näher, aber es war Teil unseres Lebens. Es fühlte sich an, als könnte man nichts dagegen tun, außer sich zu arrangieren.

Wie aber sollte man sich arrangieren mit der Gefahr eines Krieges? Der unweigerlich zu einer atomaren Auseinandersetzung führen und uns alle auslöschen würde?

Am Telefon war jemand von der SV, der Schülervertretung. Die nicht nur aus den Klassensprechern bestand und den Schulsprechern und ihren Stellvertretern*, sondern die sich vor allem auch als politisches Gremium verstand. Die SV wurde aktiv, wenn es darum ging, dass es auf den Schul-Toiletten kein Klopapier gab oder dass einige unserer Lehrkräfte noch sehr geprägt durch die Nazizeit waren und sich entsprechend

. . . .

* Ich verwende in diesem Buch gendergerechte Sprache, aber nicht ausschließlich: Wenn ich aus der Zeit berichte, als es diese Sprache in meiner Welt noch nicht gab, möchte ich die damaligen Begriffe wiedergeben.

äußerten. Vor allem aber wurde die SV aktiv, um Demonstrationen zu organisieren. Für Hausbesetzungen, gegen Polizeigewalt, gegen den NATO-Doppelbeschluss.

Die USA hatten den libyschen Diktator Gaddafi als Urheber des Attentats aufs La Belle ausgemacht. Die Disco war beliebt bei in Berlin stationierten US-Soldaten, daher galt der Anschlag als Angriff auf die USA. Präsident Ronald Reagan ließ nun von Kampfjets Ziele in Libyen bombardieren. Vergeltungsschlag nannte und nennt man das. Fünfzehn Zivilist*innen starben. Die SV hatte über den Berliner Schülerrat, die Vertretung aller Schulsprecher, eine Telefonkette organisiert: Die Schulsprecher riefen die Klassensprecher an, die jetzt die Telefonliste ihrer Klasse abtelefonierten. Oder zumindest jene anriefen, von denen sie glaubten, sich politisch auf sie verlassen zu können. Denn es ging darum, einen Schulstreik zu organisieren, aus Protest gegen die, wie man damals sagte, Kriegstreiberei der US-Amerikaner. Der Schülerrat hatte eine Demo für den nächsten Vormittag angemeldet, während der Schulzeit. Als Zeichen für den Frieden. Weil man mit Gewalt nicht auf Gewalt antworten durfte.

Ich weiß nicht mehr, ob ich den Anruf bekam, weil ich Klassensprecher war oder weil ich als politisch engagiert galt. Jedenfalls war ich bald mit ein paar anderen Leuten aus meiner Klasse am Telefon. Meine Mutter wunderte sich, warum ich aus unserem Fernsehabend ausgestiegen war, aber ich war aufgeregt, fast euphorisch, ich hatte jedes Interesse an irgendeinem Filmklassiker im dritten Fernsehprogramm verloren. Ich versuchte, ihr die Situation zwischen zwei Telefonaten möglichst knapp und eindringlich zu umreißen. Was Unerhörtes passiert war, was wir dagegen tun mussten, wie wenig Zeit wir nur noch hatten, bis die Ersten schon im Bett liegen und nicht mehr ans Telefon gehen würden. Es gelang mir nicht, ihr diese Dringlichkeit zu vermitteln. Wie wichtig sich das für mich anfühlte. Wichtigtuerei, das ist uns und mir kurz darauf vorgeworfen worden, unter anderem. Ich sagte Schulstreik, meine Mutter war nicht begeistert.

Am nächsten Tag gingen wir demonstrieren statt zur Schule, gegen die US-Angriffe auf Libyen.* Anders gesagt, wir schwänzten, um auf der Straße rumzubrüllen. Ich weiß nicht mehr, wie viele aus unserer Schule dabei waren, als wir in Schöneberg in der Nähe des West-Berliner Rathauses demonstrierten. Aus meiner Klasse, denke ich, waren wir sechs oder sieben Leute. Ich erinnere mich auch hier an ein Gefühl von Wichtigkeit, von Bedeutung: Was wir taten, hatte einen Sinn. Meine Freundin hatte ein paar Äpfel und Brote in ihrem selbst genähten Rucksack, zu trinken hatte man damals irgendwie nie dabei. Ich sehe diesen gestreiften Rucksack noch vor mir. Und ich erinnere mich deutlich, dass ich es, wie bei anderen Demos davor und danach, unangenehm und peinlich fand, mich an Sprechchören zu beteiligen. Unweigerlich mündete jede USA-kritische Demonstration damals in ein skandiertes «U-S-A, In-ter-na-tionaaale Völker-mord-zen-traaale». Erstens ein seltsames Wortbild, zweitens und vor allem: absurd und geschichtsvergessen, von deutschem Boden aus andere Länder zu «Völkermordzentralen» zu erklären.

Aber davon abgesehen war ich froh. Das änderte sich auch nicht, als wir am nächsten Tag zum stellvertretenden Schulleiter zitiert und von ihm offiziell, mündlich und schriftlich, getadelt und zum Nachsitzen und zu einem Besinnungsaufsatz verdonnert wurden. Er hielt uns eine Standpauke (verdonnern und Standpauke, Fachbegriffe aus der damaligen Zeit), an die

....

* Die Einschätzung, Libyen hätte den Anschlag auf die Diskothek La Belle veranlasst, war zutreffend: Vor verschiedenen Gerichtshöfen wurde Libyen für schuldig befunden und zahlte bis weit in die 2000er-Jahre über 300 Millionen Dollar Entschädigung an die Opfer und die Hinterbliebenen der Toten.

ich mich besonders deshalb erinnere, weil das Wort «Hybris» darin vorkam, und weil mein Freund Andreas tat, was ich mich nicht traute. Nämlich zu fragen, was «Hybris» bedeutet.

«Arroganz und Überheblichkeit», erklärte Herr M. «Es ist überheblich von euch zu glauben, ihr könntet mit so einer Schüleraktion die Weltpolitik beeinflussen.» So ungefähr. Und: Es sei überheblich, dass wir glauben würden, wir könnten die Situation besser durchblicken und beurteilen als die Politiker.*

Mein Vater, ein unverbrüchlicher Atlantiker, war wütend und verständnislos. Er fragte, warum wir nicht gegen Libyen demonstriert hätten, warum wir nie gegen die Menschenrechtsverletzungen in der Sowjetunion und in der DDR protestierten, immer nur gegen unsere Verbündeten.

Mir schien die Antwort klar: Eben gerade, <u>weil</u> es unsere Verbündeten waren. Weil wir die, deren Werte wir zu teilen meinten, doch als Erste kritisieren mussten. Weil wir, wenn wir gemeinsame Maßstäbe haben wollten, doch besonders streng sein mussten. Es klang für meine Ohren recht clever, vielleicht sogar ein bisschen klug. Aber stimmte es?

Leider habe ich den Aufsatz nicht mehr, den wir in der Woche darauf beim Nachsitzen schreiben mussten. Es war so eine «Breakfast Club»-Situation, oder ihr näher, als ich sonst je wieder gekommen wäre. Die Frage, die wir beantworten sollten, lautete in etwa, ob wir Schüler über Recht und Gesetz stünden, und warum nicht.

Die eigentliche Frage war doch aber: Warum hatten wir das gemacht, warum hatte es sich so wichtig und so richtig angefühlt, warum ging es mir so gut dabei?

Ich habe in den letzten dreißig, fünfunddreißig Jahren im-

. . . .

* Im November 1986 verurteilte die UN-Vollversammlung die USA, weil der Angriff auf Libyen am 15. April das internationale Völkerrecht verletzt hatte.

mer wieder mal darüber nachgedacht. Man kann sich leider nicht aussuchen, welche Lebensereignisse einem noch Jahrzehnte später merkwürdig präsent sind. Aber ich glaube, die unwillkürliche Auswahl bedeutet etwas. Meist habe ich in der Erinnerung an meinen Bomben-auf-Libyen-Protest ein besonders schillerndes Beispiel für den Rausch jugendlicher Überheblichkeit, für im Nachhinein unfreiwillig komische Wichtigtuerei und Selbstgerechtigkeit gefunden. Und gestaunt, wie sicher ich mir meiner Sache damals war.

Dann, als meine Kinder anfingen, mit unserer Erlaubnis und manchmal sogar mit Erlaubnis der Schule, freitagvormittags für ihre Zukunft und gegen die Klimakrise zu demonstrieren, habe ich mich daran erinnert, wie ich mich damals gefühlt habe, und ich habe die Hingabe und die Dringlichkeit meiner Kinder damit in Verbindung gebracht. Der Gedanken, ihnen nun meinerseits, wie mir selbst im Nachhinein, Wichtigtuerei und Überheblichkeit zu unterstellen, erschien mir von Anfang an völlig abwegig. Ich sehe ja, wie ernst es ihnen und den anderen ist. Vielleicht kann ich deshalb seitdem besser würdigen, wie ernst es mir selber 1986 war. Denn seit ein paar Jahren merke ich, dass es mir nicht reicht, das Ereignis von damals als eine Anekdote über ein paar Spinnerinnen und Spinner zu erzählen, die dem US-Präsidenten ihre Werte und die Welt erklären wollten, indem sie diesen Vormittag nicht zu Reli, Geschi und Mathe gingen. Es ist vielmehr eine Geschichte über Hoffnung.

Die Achtzigerjahre habe ich als eine Zeit geradezu absurder Hoffnungslosigkeit empfunden. Die Angst eines Kindes und Jugendlichen vor dem Atomkrieg war so real wie die heutige Angst vor der Klimakrise. In meiner Erinnerung und meiner damaligen Wahrnehmung gab es im Gegensatz zu heute keinerlei Beschwichtigungsversuche. Die Botschaft, die ich aus der Politik empfing, lautete: Wenn es passiert, sind die anderen schuld. Zum Arsenal der nuklearen Abschreckung gehörte, die Gefahr eines Atomkrieges auch rhetorisch immer am Köcheln zu halten: Du kannst niemanden abschrecken, indem du versicherst, es würde schon alles nicht so schlimm kommen.

Die Botschaft, die ich zeitgleich aus der Popkultur bekam, waren Top-Ten-Hits über den Atomkrieg, einer nach dem anderen, «99 Luftballons», «Vamos a la playa», «Dancing with Tears in My Eyes». Atomkriegs-Horror-Porn von Gudrun Pausewang und anderen. Im BALI-Jugendfilmclub, wo man jeden Donnerstag für drei Mark einen neuen Kino-Blockbuster schauen durfte, lief unvermittelt die Vorschau des Atomkriegs-Schockers «The Day After», und auf dem Nachhauseweg, die nächste Woche, die nächsten Monate hatte ich die drastischen Bilder sterbender, schreiender, weinender Menschen im Kopf. So wird das also.

Es ist fast nicht mehr zu vermitteln, wie real das war, aber ich habe unter Menschen meines Alters noch niemanden gefunden, der mir deutlich widersprochen hätte. Das liegt vielleicht an meinem Bekanntenkreis. Oder daran, dass wir damals in Westdeutschland und West-Berlin in einer Atmosphäre politisch forcierter Hoffnungslosigkeit aufwuchsen.

Wenn ich nun heute an unseren Streik und unsere Demo nach den Angriffen auf Libyen im April 1986 denke, dann wird mir klar: Das gute Gefühl auf dem Flechtstuhl in Zehlendorf-Mitte und auf der Straße in Schöneberg und im Konrektoren-Büro war nicht Arroganz oder Selbstbesoffenheit, sondern Hoffnung. Es waren Augenblicke von Selbstermächtigung, von Selbstwirksamkeit: In diesen Momenten fühlte es sich an, als könnte man eben doch etwas tun und als wäre das, was man tat, nicht wirkungslos. Eine Strafe und Widerspruch sind auch Wirkungen. Sicher sind wir nicht gehört worden, aber wir haben gesprochen, und es war berauschend zu spüren, wie daraus Zuversicht entstand.

Ehrlich gesagt wird es im Folgenden immer wieder darum gehen, dass Hoffnung ein Gefühl, aber eben auch eine Handlung ist. Manchmal habe ich den Verdacht, dass es, wenn es um Hoffnung geht, vielleicht doch so einfach ist, wie es Erich Kästner in seinem Gedicht «Moral» schreibt: «Es gibt nichts Gutes. Außer man tut es.» Dass also Hoffnung auch in schwierigen oder hoffnungslosen Zeiten daher kommt, dass man handelt. Sich wehrt, was sagt.

Man kann aber nicht immer etwas tun. Oft kommt es einem auch sinnlos vor, etwas zu tun, und dann wird die Sinnlosigkeit überwältigend, sie verbindet sich mit der Hoffnungslosigkeit wie zwei Blobs in einer sehr düsteren Lavalampe. Sich Hoffnung machen ist nicht so einfach, wie sich ein Käsebrot, einen Kaffee oder sich Sorgen zu machen. Die Zutaten, um sich Hoffnung zu machen, sind viel schwieriger zu finden als die, die man braucht, um sich Sorgen zu machen.

Darum möchte ich versuchen, das Tun und Machen zu ehren, aber auch, einen oder zwei oder drei Schritte zurückzugehen und überhaupt erst mal zu schauen, was man braucht fürs Gutes-Tun und Hoffnung-Machen. Schon damals brauchte ich einen Anruf und die feste Überzeugung, das Richtige zu tun, um Hoffnung erfahren zu können. Nicht die konkrete Hoffnung, eine mögliche Eskalation zwischen den USA und der Sowjetunion, vertreten durch Libyen und dessen Verbündeten Syrien, zu verhindern, indem wir Äpfel aus gestreiften Stoffrucksäcken aßen. Sondern die unkonkrete Hoffnung, in Wut und Angst nicht allein zu sein. Wenigstens in sich selbst was zu verhindern, indem man nicht tatenlos zusieht. Andere vielleicht auch ein bisschen zu ärgern, Autoritätspersonen, Stellvertreter.

Das heißt, es geht im Folgenden auch darum, etwas womöglich in manchen Situationen Unkonkretes durch konkrete Beispiele greifbarer, handfester, machbarer werden zu lassen.

Außerdem, wer sagt, es hätte nichts gebracht, und wir wären

einfach nur überheblich gewesen. Diese Einschätzung mag stimmen, aber was vor allem stimmt und was sich im Gegensatz zu dieser Überheblichkeits-Hypothese unwiderlegbar nachweisen lässt: Der Atomkrieg hat damals nicht stattgefunden.

2. Das Ding mit Federn

Eine ganze Zeit lang habe ich recherchiert, um aufzulisten, warum es so schwierig, vielleicht sogar unmöglich ist, sich und, falls vorhanden, den eigenen Kindern Hoffnung zu machen. Also, die Gesamtsituation betreffend. Stichwort Klima. Von der Pandemie mal abgesehen. Und den näher an Mitteleuropa rückenden Kriegen. Dem Angriff auf politische Grundrechte in westlichen Staaten. So stellte ich mir das vor: am Anfang des Buches kurz dieses düstere Panorama, falls es jemand vergessen haben sollte. Und dann vor diesem dunklen Hintergrund langsam die Hoffnung hochziehen.

Ich habe mich dagegen entschieden.

Die Recherchetage waren deprimierend.* Wie viel Grad sind noch erreichbar, wie viel wären das Ende. Was ist realistisch, was ist nicht mehr zu retten. Welche Küstenlinien. Was für Wetterveränderungen. Zahlen von Menschen. Andere Zahlen von Menschen. Was müssten wir jetzt tun. Was tun wir nicht. Wieder einmal drohte mir über das, was sich abzeichnet, die Hoffnung komplett verloren zu gehen. Ich setze daher im Fol-

....

* An dem Wochenende, an dem ich anfange, diesen Text zu überarbeiten, geht die Meldung durch die Medien, dass die Weltmeere sich auf eine geradezu absurde Art und Weise erwärmen, in einem Ausmaß, das vor zehn Jahren noch als sehr unwahrscheinlich galt. In der Woche, als ich das von der Lektorin redigierte Manuskript überarbeite, haben sich gerade die heißesten Tage der Menschheitsgeschichte aneinandergereiht.

genden die elementare Bedrohung von allen und allem durch die Klimakrise voraus, ohne sie auszuschmücken.*

Das Problem ist: Die Kinder setzen diese Bedrohung auch längst voraus. Meine eigenen waren achtzehn und fünfzehn, als ich anfing, dieses Buch zu schreiben. Das Thema begleitet sie seit ungefähr vier, fünf Jahren. Vielleicht, seit Greta Thunbergs Schulstreik zum ersten Mal in den Kindernachrichten bei KiKA auftauchte, im Herbst 2018. Das Jahr 2019 war für sie das Jahr, in dem sie anfingen zu begreifen, was eigentlich los ist. Und auszuloten, wo noch Hoffnung ist. Dann kam etwas dazwischen. Kein Hoffnungsschimmer, sondern Corona. Dann der russische Angriff auf die Ukraine.

Die Kinder sind jetzt eigentlich in einem Alter, in dem sie, wenn alles gut laufen würde, langsam von der Hoffnung auf die Zukunft befeuert werden müssten, einer Art Lebensvorfreude. Sobald man sich als Kind der eigenen Vergangenheit und des Verstreichens der Zeit bewusst wird, beginnt die Erwartung, dass es in der Zukunft besser oder noch besser werden wird. Mehr Geschenke, ein eigenes Zimmer, Freunde in der neuen Schule, eine Lehrstelle oder ein Studienplatz, Ziele. Nur, dass das alles sich in der Erwartung viel größer und weniger banal anhört als in dieser Aufzählung. Die Jugend hat Heimweh nach der Zukunft, wie es im vom vielen Zitieren mattgegriffenen Satz von Sartre heißt. Ich glaube, Heimweh nach der Zukunft ist ein anderer Ausdruck für Hoffnung. Und worauf haben Kinder und Jugendliche ein Recht, wenn nicht auf Hoffnung?

Das ist kein abstrakter philosophischer oder theologischer Begriff, sondern – hoffentlich – eine Alltagserfahrung, ein

....

* Falls Sie der Ansicht sind, dass der Klimawandel nicht menschen- und vor allem nicht industriegemacht ist, dass wir ihn ruhig auf uns zukommen lassen können und dass wir das alles schon irgendwie hinkriegen werden, dann bedanke ich mich, dass Sie dieses Buch dennoch lesen. Ihre Position wird in Kapitel 9 verhandelt.

Lebensgefühl. Hoffnung ist seit den 1980er-Jahren ein beliebter Forschungsgegenstand, lese ich in «Psychologie Heute». Vielleicht nicht ohne Grund seit einer Zeit, als die Welt am Dauerrand der atomaren Vernichtung zu stehen schien. Der Psychologe Charles Snyder glaubte damals, die Hoffnung von Menschen auf der «hope scale» erfassen zu können. Ich möchte, dass meine Kinder bei zehn sind auf meiner nach oben offenen Raether-Skala der Hoffnung. Aber ich fürchte, sie fragen sich hin und wieder, warum und wie viel Hoffnung sie überhaupt haben können.

Beide Kinder sind grundsätzlich so zuversichtlich und albern, wie ich mir das immer gewünscht habe, für mich und für sie. Und sie sind offener, als ich es als Kind war. Ich wäre Anfang der Achtziger nicht auf die Idee gekommen, meine Eltern zu fragen, ob wir alle im Atomkrieg sterben werden. Die Aussicht schien mir realistisch, aber ich hatte das Gefühl, ich müsste das mit mir selbst abmachen, vielleicht noch mit meiner Schwester, die Eltern hatten genug um die Ohren. Ich bin froh, dass die Kinder heute das Gefühl haben, sich an mich wenden zu können.

Aber, meine Güte, womit sie sich an mich wenden. Abends sitze ich manchmal mit meinem Sohn in einem Raum, er ist zu alt, um viel Zeit mit mir zu verbringen, aber es kommt recht oft vor, dass ich auf dem Sofa liege und lese, und er sitzt am Tisch, isst und schaut dabei Videos. Abends, so gegen elf. Dann nimmt er sich mit einer ganz charakteristischen Bewegung die AirPods aus den Ohren und dreht sich zu mir und spricht mich auf irgendwas an, worüber er gerade ein Video gesehen oder einen Podcast gehört hat. Zum Beispiel: «Was glaubst du, wie in dreißig Jahren die Welt aussehen wird? Also jetzt mal ganz ehrlich.» Mit offenem, fast klinischem Interesse. Oder meine Tochter sagt, wenn wir nach der Schule zusammen Mittag essen und dabei unseren Gedanken nachhängen, ganz unvermittelt: «Ich weiß gerade gar nicht mehr, ob ich Kinder will.» Sie klingt fast verblüfft, es ist eine Beobachtung, eine Feststellung, noch kein Bedauern eines möglichen Verlustes: Hä, als Vorschülerin wollte ich Tagesmutter werden, und jetzt weiß ich nicht mal mehr, ob ich noch Kinder will? Krass. Weil, wer weiß, wie die Welt in dreißig Jahren aussieht.

Hoffnung, haben Psychologen der Universitäten Amsterdam und Tilburg 2020 veröffentlicht, wird am meisten mit den Begriffen «desire» (also Verlangen, Sehnsucht), «positiv» und «Zukunft» in Verbindung gebracht. Es ist ein bisschen wie das parodistische Forschungsergebnis, Wasser sei nass, aber es gibt mir zu denken: Das Verlangen, die Sehnsucht nach einer positiven Zukunft ist noch da, aber wie groß ist das Vertrauen der Kinder, dass diese Sehnsucht auch erfüllt werden wird, wenn sie sich und mir solche Fragen stellen?

«Na ja», ich versuche, die Zukunftsfrage meines Sohnes ehrlich zu beantworten. «Ich glaube, dass das Leben in den nächsten zwanzig, dreißig Jahren sehr viel schwieriger werden wird, aber dass wir und ihr zu den Leuten gehören werden, die damit einigermaßen klarkommen werden. Aber es wird bestimmt nicht leicht. Und wir können auch nicht nur auf uns selbst schauen.» Um ein Haar sage ich, wir schaffen das. Ihr schafft das. Ich finde meine Antwort ausweichend, aber ich stelle fest, dass sie gerade vage genug war. Mein Sohn nickt, auf pragmatische Weise zufriedengestellt, und es bricht mir das Herz. Zu meiner Tochter sage ich, der ich auf unvernünftige Weise kaum erwarten kann, Großvater zu werden, ein Babyfreund erster Ordnung: «Das musst du doch jetzt noch nicht wissen. Das siehst du dann.»

Ist es das, was Eltern und Kindern, für alle, noch bleibt? Die Dinge auf sich zukommen lassen zu können? Sich auf pragmatische Weise damit zufriedengeben, dass wir auf absehbare

Zeit irgendwie über die Runden kommen werden, viele andere Menschen aber nicht? Was für eine Art von Hoffnung ist das?

Am Anfang, vor langer Zeit, im Jahr 2019, schienen Aktionen und Rituale den Kindern Hoffnung zu geben, und ich ihnen, indem ich ihnen ermöglichte, daran teilzuhaben. Also sind wir mit ihnen zu Fridays-for-Future-Demonstrationen gegangen. Als die Schule dafür freigab, haben wir mit anderen Eltern besprochen, wer die Kinder diesmal mitnimmt. Meine Tochter und ihre Freundinnen waren elf, zwölf und malten Plakate. Das meine ich mit einem Ritual, das Hoffnung macht. Meine Tochter malte eine Erdkugel mit blauem Wasser und grünen, vage vertrauten Kontinenten, und darauf, als wäre die Welt ein Zifferblatt, die Zeiger der Uhr, die auf kurz vor zwölf stehen sollten. Das misslang ihr mehrfach auf komische Weise, sodass die Zeiger am Ende, weil sie annähernd gleich lang waren und die Erde nicht ganz rund, auf etwa drei nach zwölf standen. Wie passend, dachte ich bitter, sagte aber nichts. Die Mädchen lachten über die Weltkugel mit der unklaren Uhrzeit und schwenkten sie trotzdem, sie riefen «Save the turtles!», weil das gerade ein Meme war und sie schon in Memes kommunizierten. Vielleicht war und ist Fröhlichkeit plus Pragmatismus plus Durchwurschtelei gleich Hoffnung. Und zwar die beste, die wir gerade noch haben. Mein Sohn, drei Jahre älter, schwänzte die Schule, um zur Fridays-for-Future-Demo zu gehen, und irgendwann schwänzte er die Schule und die Fridays-for-Future-Demo, um einfach nur mit seinen Freunden in der Stadt abzuhängen, das fand ich fast noch besser, weil: auf jugendliche Weise noch hoffnungsvoller.

Es gab in den letzten Jahren gar nicht so viele journalistische Texte über das Schwinden der Hoffnung, wie man während des Schwindens der Hoffnung vielleicht denken würde. Vor zwei Jahren hat Thomas Assheuer in der «Zeit» in einem geschichts-philosophischen Text unsere Lage so umrissen: «In der Klimakrise begegnet die Zivilisation ihrer eigenen Endlichkeit, und fürs Erste ist die Zukunft kein offener Horizont mehr, kein Möglichkeitsraum, sondern wiederkehrende Vergangenheit: Uns Endverbrauchern kommen die Sünden des fossilen Zeitalters aus der Zukunft entgegen, all die Umweltverbrechen, der ganze Dreck von gestern.» Und angesichts der scheinbaren Unausweichlichkeit dieser Entwicklung wirft er die Frage auf, die ich auch zwischen den Zeilen der Gespräche mit den Kindern lese: «Wie hält man das aus?» Assheuer schreibt, als «sinnstiftendes und alle beflügelndes Motiv bliebe dann nur die Hoffnung auf einen evolutionären Lernprozess», und er appelliert in einer großen Geste, weit entfernt vom Abendbrottisch, an «die Regierungen», im Sinne einer «Fiktion des Als-ob» zu handeln: so, als ob die anderen Staaten im Sinne des Klimaschutzes und der Weltrettung schon mit ihm Boot wären. Als Vorbild, und um überhaupt etwas zu tun.

Wie aber soll man sich selbst, wie soll man den Kindern Hoffnung machen mit Appellen an Regierungen? Sie haben an Regierungen appelliert und wurden dafür von Regierungen und ihren Organen als Schulschwänzer und Gewalttäter behandelt. Wo ist da Hoffnung?

Die Kinder sind aber auf Hoffnungssuche, und sie schauen zu mir. Ihre Mutter hat eine naturwissenschaftliche Ausbildung, sie kann schwierige und bedrohliche Zusammenhänge mit einer gewissen nüchternen Distanz erklären, die, das merke ich, tröstlich ist. Ich verfüge über keinerlei Fachkompetenz, was die Herausforderungen der Zukunft angeht. Weder kann ich aus Klimamodellen Hoffnungen herausrechnen, noch könnte ich im Zweifelsfall ein Dach neu decken oder Kartoffeln im Selbstversorgergarten ziehen. Ich arbeite als Autor, also kann ich einen Essay darüber schreiben, wie schwierig das alles ist. Ich habe Nordamerikanistik mit Schwerpunkt Literaturwissenschaften studiert, ich kann also sagen: Oh, fuck.

Oder ihnen ein Gedicht vorlesen. Vielleicht lieber erst mal mir selbst. Ich erinnere mich, dass mich im Studium kaum etwas so sehr beeindruckt hat wie die Gedichte von Emily Dickinson (1830–1866). Eines ihrer berühmtesten beginnt mit dem Vers «Hope is the thing with feathers», Hoffnung ist das Ding mit Federn. Das Gedicht trägt die Nummer 314 und stammt aus dem Jahr 1861:

«Hope» is the thing with feathers -
That perches in the soul -
And sings the tune without the words -
And never stops – at all -

And sweetest – in the Gale – is heard -
And sore must be the storm -
That could abash the little Bird
That kept so many warm -

I've heard it in the chillest land -
And on the strangest Sea -
Yet – never – in Extremity,
It asked a crumb – of me.

Oder, in etwa, auf Deutsch:[*]

Hoffnung ist das Ding mit Federn –
Das in der Seele hockt –

· · · · · · · · · · · · · · · · · · ·

* Die US-amerikanische Poetry Foundation hat im Internet sehr gute Ressourcen über Emily Dickinson und ihre Gedichte (www.poetryfounda tion.org/poets/emily-dickinson). Die deutschen Übersetzungen hier und in Kapitel 10 sind Versuche von mir. Alle Texte von Emily Dickinson findet man auf Englisch unter www.edickinson.org.

Und singt die Weise wörterlos –
Und dabei – niemals – stockt –

Am süßesten – in der Bö – zu hör'n –
Und bös ist der Orkan –
Der dieses Vögelchen beschämt,
Das viele hielt so warm –

Ich hörte es im tiefsten Frost –
Und auf der See so schauerlich –
Doch – nie – in allergrößter Not,
Bat es um Körnchen – mich.

Das Ding mit Federn, das in der Seele sitzt, unaufhörlich die Melodie ohne Worte singt, besonders schön, wenn es stürmt. Und was für ein ätzender Sturm das sein müsste, der das Vögelchen zum Schweigen bringen könnte, dessen Lied so viele warm gehalten hat. Ich habe es in kältesten Gegenden und auf fremdester See gehört, sagt Dickinsons lyrisches Ich, doch nie hat es, selbst in größter Notlage, einen Krümel von mir verlangt.

Die Kinder verstehen dank YouTube und TikTok zwar ganz gut Englisch, aber kaum würde ich ihnen Hoffnung geben, wenn ich ihnen Dickinsons «Hope is the thing with feathers» vortrüge, erst recht nicht in meinem Deutsch. Womöglich steckt aber in diesen dreimal vier Versen, was ich selbst brauche, um mir die Frage zu beantworten: Wie kann ich den Kindern Hoffnung geben?

Dickinson hat zu Lebzeiten nur zehn ihrer fast 1800 Gedichte veröffentlicht. Sie dichtete auf Papierfetzen, auf alten Briefumschlägen. Ein Akt der Hoffnung, denn ihre Gedichte sprechen mit der ganzen Welt, sie wenden sich an alle von uns, obwohl Dickinson vor über 150 Jahren nicht wissen konnte, ob ihre Gedichte jemals ihr Schlafzimmer in der Kleinstadt Amherst im US-Bundesstaat Massachusetts verlassen würden. Die Gedichte sind geschrieben, als hätte sie die Hoffnung, Menschen zu erreichen, obwohl sie keinen Anlass zu dieser Annahme hatte. Nur Schnipsel in Bündeln in Schubladen. Und davon handelt «das Ding mit Federn»: dass die Hoffnung da ist, ohne eine Gegenleistung zu erwarten.

Wenn ich mich frage, ob ich meinen Kindern heute noch Hoffnung machen kann, dann führe ich mich auf, als müsste meine Hoffnung ganz schön gefüttert werden. Mit Zahlen, Daten und Fakten. Mit Erkenntnissen darüber, wie wir in der Vergangenheit und Gegenwart großen Krisen auf eine Art und Weise begegnet sind, die Anlass zur Hoffnung bieten (leider fällt mir kein Beispiel ein*). Mit Anzeichen dafür, dass wir auf dem Weg sind umzulernen. Nichts davon gibt es, und dennoch habe ich ja selber immer noch Hoffnung, im Dickinson'schen Sinne: Das Ding mit Federn singt, ohne von mir ein einziges Körnchen zu erhalten. Gern würde ich ihm einen ganzen Bund Meisenknödel oder einen Strauß Sittichkolben kredenzen, aber ich bin blank, ich habe nichts. Aber Hoffnung?

Es ist so hart, dass Dickinson von den Stürmen spricht, also als Bild benutzt, was uns Jahr für Jahr verheerender die Erde zerweht. Ich sehe es als ein Zeichen, ein Echo durch den Korridor der Jahrhunderte: die Erlaubnis, auch angesichts der letzten, elementarsten Bedrohung das Vögelchen weiter singen zu lassen. Und ich denke an das große, weltpolitische «Als-ob» im Essay von Thomas Assheuer. Denn: Warum sollen nur Regie-

---

* Im Gegenteil, bei der Suche nach einem Beispiel, wie Menschen in einer weltumspannenden Krise füreinander da waren und einander nicht gegenseitig beschuldigt und sich nicht allein auf sich konzentriert haben, sage ich mir: Denk nicht an Corona, denk bloß nicht an Corona.

rungen so handeln, als ob andere es auch schon täten? Wir End-
verbraucher müssen ja auch im Kleinen so handeln, als ob wir
einen Unterschied machen würden. «Hoffnung hat unabding-
bar eine Gemeinschaftsdimension», sagt der Philosoph und
Medizinethiker Giovanni Maio in einem Interview, «wie auch
Gemeinschaft ohne Hoffnung nicht entstehen kann. Wenn wir
nicht auf andere Menschen vertrauen, können wir auch nicht
hoffen.»

Ich muss also den Impuls infrage stellen, den ich habe, wenn
ich sehe, wie wenig eigenes Tun uns allen hilft. Ich weiß noch,
wie erstaunt ich vor ein paar Jahren war, als die Nachricht kam,
zum ersten Mal sei eine Fluggesellschaft unter den Top Ten der
CO_2-Verursacher in Europa, Ryan Air. Waren das nicht mehr
oder weniger alles Fluggesellschaften? War es nicht unabding-
bar, so wenig wie möglich, am besten gar nicht zu fliegen, um
einen Unterschied zu machen? Aber nein, seitdem und im Allgemeinen sind die Top Ten der CO_2-Verursacher einfach einzelne Kohlekraftwerke in Europa, die meisten in Deutschland.
Wie soll da einen Unterschied machen, was ich tue oder lasse?
Es schien und scheint mir in dieser Hinsicht hoffnungslos.

Aber ist es hoffnungslos, wenn ich handele, als ob es das
nicht wäre? Wenn ich das zwitschernde Federvieh mit nichts
füttere als einem «Als ob», einem fiktiven Krümelchen also bestenfalls?

Es muss reichen, denke ich. Für die Kinder. Wenn sie sehen,
dass ich die Hoffnung noch habe, obwohl ich sie mit nichts
Greifbarem, Essbarem füttern kann. Das kann ich ihnen zeigen, das sollen sie miterleben: wie der Alte mit leeren Händen
das Ding mit Federn singen lässt. Das sollen sie von mir lernen,
das sollen sie sich abschauen. Weniger darf ich nicht, und mehr
kann ich nicht tun.

Was aber ist eigentlich meine eigene Hoffnung für die Kinder? Kann ich überhaupt noch anknüpfen an diese große, generationenlange Tradition von Elternhoffnung?

Es ist so ein Satz, der oft als Echo aus der Höhle des Erziehungsversagens zitiert wird: Ihr sollt es mal besser haben als wir. Wenn der Satz in Familienromanen oder, noch schlimmer, Familiengesprächen auftaucht, dann immer in einem Zusammenhang, wo er schon Sanktion ist, nicht mehr Versprechen: Versteh doch, warum wir dir und uns dieses oder jenes zumuten. Du sollst es mal besser haben als wir.

Dabei drückt der Satz doch eigentlich eine positive Erwartung aus: einen elterlichen Fortschrittsglauben. Er ist, seit Menschen sich daraus befreit haben, an eine Erfüllung erst im Jenseits zu glauben, das Grundprinzip der Glückserwartung für den eigenen Nachwuchs.

Und auch, wenn ich von meinen Eltern diesen Satz nie wortwörtlich gehört habe: Die Art, wie sie ihr und unser Leben gestaltet haben, zeigt mir, dass selbst sie in den Siebziger-, Achtzigerjahren, mitten in den Unwägbarkeiten des Kalten Krieges, genau diese Erwartung hatten, die zugleich mehr und weniger ist als eine Hoffnung. Eine Hoffnung muss sich nicht erfüllen, zugleich ist sie größer und existenzieller als eine Erwartung. Und die Erwartung auch meiner Eltern war, dass meine Schwester und ich es besser, also: einfacher haben sollten als sie. Keinen Hunger und keine Entbehrungen als Kleinkinder (meine Eltern waren bei Kriegsende knapp drei und fünf), leichteren Zugang zu Bildung, ein Vertrauen in die Verfügbarkeit von Wohlstand. Ich bin in dem Bewusstsein aufgewachsen, dass dieser Wunsch und diese Erwartung hinter vielen Entscheidungen meiner Eltern stand, die ich nicht mochte und nicht verstand.

Als Vater habe ich diesen Satz ebenfalls nie gesagt, aber ich merke: Ich habe, im Gegensatz zu noch meinen Eltern, womöglich auch nie die Erwartung gehabt. Ich habe selten eine Person aus meiner und benachbarten Generationen getroffen, die diesen Gedanken gehabt hätte: Meine Kinder sollen es mal besser haben als ich. Zwar ist das ein Wohlstandsthema: Menschen, die im Gegensatz zu mir in Armut aufgewachsen sind, wollen realistischerweise, dass es ihre Kinder einmal besser haben. Menschen, denen Rassismus und Ausgrenzung widerfährt, ebenfalls. Aber sofern die wirtschaftlichen Bedürfnisse gedeckt und gesellschaftliche Teilhabe gesichert sind, bleibt uns allen nur noch der Gedanke: Hoffentlich haben die Kinder es nicht viel schlechter als wir. Hoffentlich werden sie einigermaßen fertig mit den unabsehbaren Veränderungen, die auf sie zukommen. Die, ich korrigiere mich, wir auf sie losgelassen haben. Denen wir sie mehr oder weniger schutzlos ausliefern.

Egal, wie man den Satz «Du sollst es mal besser haben als ich» einordnet: Es ist atemberaubend, aus einer historischen Konstanz herausgesprengt zu werden, in der es eine große Errungenschaft war, die Erwartung, den Kindern würde es besser gehen, als legitimen Anspruch zu sehen. Es ist beängstigend, und es ist eine Kränkung: Wir sind nicht nur die Ersten, die naiv wären zu glauben, ihren Kindern würde es besser gehen als ihnen. Wir sind auch die Ersten, die gar nicht erst zu glauben brauchen, sie wären irgendwie in der Lage, diese Verbesserung für ihre Kinder herbeizuführen.

Es sei denn, ich mache hier, zusammen mit vielen anderen, einen Denkfehler. Denn eigentlich, insgeheim, möchte ich immer noch, dass es meine Kinder mal besser haben als ich. Und ich erwarte auch von mir, dass ich meinen Beitrag dazu leisten kann oder womöglich meinen Beitrag schon geleistet habe.

Ich glaube, es ist kein Taschenspielertrick, wenn ich die Definition von «es besser haben» anpasse, um am Ende eben doch in der Lage zu sein, ihnen das mit zu ermöglichen. Klar, ich kann ihnen keine krisensichere Ausbildung ermöglichen. Ich kann ihnen kein selbst erarbeitetes Vermögen mit auf den Weg geben. Ich kann sie nicht in der Erwartung erziehen, dass es ihr Leben lang immer weiter vorwärts- und aufwärtsgehen wird. Ich kann ihnen nicht mal versprechen, dass es die Regionen, in denen sie ihre Kindersommer verbracht haben, noch geben wird, wenn sie so alt sind wie ich jetzt. Schon bei Teilen ihrer Heimatstadt Hamburg bin ich mir und ist niemand sich da sicher.

Trotzdem möchte ich, dass sie es besser haben. Indem sie ernst genommen und nicht überheblich und kindisch gefunden werden, wenn sie traurige Weltkugeln auf Plakate malen und nicht zur Schule gehen, um diese Plakate auf Fridays-for-Future-Demos zu schwenken. Oder, in noch anderem Sinne: dass sie es besser haben, weil sie lernen, sich besser gegen Vorurteile zu wehren als meine Generation, weil sie lernen, solidarischer zu sein als ich, weil sie lernen, nicht jahrzehntelang so gut wie tatenlos zuzusehen, wie für die Interessen einiger weniger alles kaputt gemacht wird.

Es wird wohl so sein, dass meine Kinder es nicht in dem Sinne besser haben werden, dass sie leichter als ich eine gute Ausbildung, einen guten Arbeitsplatz, finanzielle Sicherheit erlangen werden.

Aber wenn es ihnen zum Beispiel gelingen wird, sich nicht weitere Jahre und jahrzehntelang von Mineralölkonzernen und Politik einlullen zu lassen. Wenn sie in der Lage sein werden, Menschen, die Hilfe brauchen, nicht als Ströme, Massen und Anstürme zu sehen und zu bezeichnen, sondern als Gleichberechtigte. Wenn sie den Mut haben werden, sich nicht von gesellschaftlichen Problemen in ihr Schneckenhaus abzuwenden. Dann werden sie es, ehrlich gesagt, nicht nur besser machen, sondern auch besser haben als ich und meine Generation.

3. Hoffma

Was mich an Hoffnung stört, ist, wie sie ständig zu etwas Außergewöhnlichem, etwas Erhabenem verklärt wird. Ich glaube, es liegt an diesem alten, abgenutzten Cicero-Zitat: «Die Hoffnung stirbt zuletzt.» Zwar ist dieser Satz so verbreitet, dass ihn auch der Kunde sagt, der auf die Frage «Haben Sie Kleingeld?» in seiner Geldbörse nach elf Cent gräbt. Oder die Schuhverkäuferin, die ich frage, ob sie den Schuh «hinten» vielleicht doch noch in 45 hat. Aber es schwingt dabei immer mit, dass die Hoffnung zu den letzten Dingen gehört, dass sie die letzte Reserve ist, etwas, das wir nur mobilisieren, wenn alle anderen Ressourcen erschöpft sind. Was dabei aber völlig übersehen wird: wie sehr die Hoffnung unseren banalsten Alltag zusammenhält, und dass im Grunde alles, was wir tun, auf Hoffnung beruht.

Zum Beispiel, wenn man eine der einfachsten und häufigsten menschlichen Interaktionen betrachtet: nämlich die zwischen einer pünktlichen und einer unpünktlichen Freundin, die sich verabreden. Die pünktliche Freundin trifft zum vereinbarten Zeitpunkt am Treffpunkt ein, weil sie wider besseres Wissen hofft, dass die Unpünktliche diesmal womöglich doch pünktlich ist. Die Unpünktliche lebt sogar noch mehr von der Hoffnung, als die Pünktliche es tut: Sie bricht zwar zu spät auf, hofft aber, dass sie durch ein Wunder für den Zwanzig-Minuten-Weg heute nur zehn braucht, oder dass die Pünktliche sich heute zum ersten Mal im Leben verspätet, oder dass die Pünktliche ihr die Verspätung auch heute wieder verzeihen und die Verabredung nicht platzen lassen wird. Bevor die beiden einander also in die Arme schließen, ist bereits eine unglaubliche Menge Hoffnung eingesetzt worden.

Tatsächlich ist fast jede Unternehmung in einer Großstadt nur möglich, wenn man jedes Mal aufs Neue sehr viel Hoffnung aufbringt. Wer sich an eine Bushaltestelle stellt, tut dies in der Hoffnung, der Bus käme in etwa zur angegebenen Zeit. Peter Fox hat das Couplet «Frühschicht schweigt, jeder bleibt für sich / Frust kommt auf, denn der Bus kommt nicht» gesungen, denn: Frustration entsteht, wenn Hoffnung enttäuscht wird. Und trotzdem stellt man sich das nächste Mal wieder an die Bushaltestelle und hofft, dass es diesmal anders ist. Falls die Hoffnung sich erfüllt, löst sie sich, statt positiv nachzuhallen, leider sofort in ein blitzartiges «Na also» auf.

Noch unmittelbarer lässt sich das Prinzip Alltags-Hoffnung bei der Parkplatzsuche erfahren. Jede Person, die in der Stadt mit dem Auto aufbricht und dieses am Zielort nicht in einem Parkhaus, auf einem Firmenparkplatz oder im Carport der Schwiegereltern abstellen kann, hofft schon beim Aufbruch inständig und gegen jede, wirklich jede Vernunft, am Ende der Fahrt einen Parkplatz zu finden. Nichts spricht dafür. Außer, dass am Zielort sehr viele andere Menschen ja offensichtlich bereits einen Parkplatz gefunden haben, ihre Hoffnung hat sich erfüllt. Man sieht es daran, dass es dort keinen freien Parkplatz mehr gibt. Niemand aber kehrt nun um und sagt, oh weh, meine Hoffnung wurde enttäuscht, sondern die Hoffnung wird wie von selbst immer stärker, mit jeder Runde um den Block, mit jeder weiteren Radius-Erweiterung. Am Ende, wenn der Wagen dann endlich halb auf den Wurzeln eines Straßenbaumes, halb vor einer Einfahrt und einen Kilometer von der Verabredung entfernt steht, hat man diesen Parkplatz nicht gefunden, sondern die Hoffnung hat ihn erzwungen. Aber niemand sagt beim Aussteigen: Oh, meine Hoffnung wurde erfüllt, wie schön ist es, am Leben und ein Pkw-Halter zu sein! Man sagt nur: «In dieser Gegend findet man einfach keinen Parkplatz.»

Vor vier, fünf Jahren flammte im norddeutschen Raum kurz ein Jugendwort auf, das philosophisch vielleicht zu komplex war, um sich auf die Dauer durchzusetzen. Kinder der Mittelstufe an Altonaer Schulen fingen an, einander statt «Da kannst du lange warten» oder «Das glaubst du wohl selber nicht» knapp zu sagen: «Hoffma.» Die Wendung ist zwar einerseits abwertend (Du willst mir erzählen, deine Eltern lassen dich am Wochenende zu Hause eine Party machen? Hoffma). Andererseits führt sie bei aller Ironie die Dinge doch auf ihren Kern: Ohne Hoffma geht einfach gar nichts, keine menschliche Begegnung, kein Weg durch die Stadt, keine Party. Und wenn wir morgens aufstehen, ist es, ob wir es merken oder nicht, immer das Erste, was wir zu uns selber sagen: Hoffma.

Vielleicht gelingt es mir, das in meiner Ü40-Welt vom ironischen Kinderwort zur lieb gemeinten Anfeuerung umzuwidmen. Also, vor allem erst einmal auch zur Selbstanfeuerung: Wie kann es sein, dass mir im Großen die Hoffnung immer wieder auszugehen droht, während ich doch im Kleinen die ganze Zeit von Hoffnungen zehre? Und davon, dass diese Hoffnungen sich wieder und wieder erfüllen. Und davon, dass es nicht so schlimm ist, wenn sie es nicht tun, weil es bei nächster Gelegenheit wieder neuen Anlass zu neuer Hoffnung gibt.

Eigentlich müsste es mir gelingen, aus dem kleinen Hoffma-Einmaleins des Alltags für die große Hoffnung zu lernen, die mir immer mal wieder fehlt. Denn ich sehe ja, dass sich zum Beispiel die große Hoffnung schon im Kleinen lernen lässt. Zu Stoßzeiten in Hamburg oder Berlin bin ich keineswegs überzeugt, dass der Bus pünktlich kommen wird, dass die Dinge für mich also, bezogen auf meine Busfahrt, gut ausgehen. Es macht aber auch nichts, weil ich weiß, dass es vielmehr darum geht, die Handlung «man stellt sich an die Bushaltestelle und geht davon aus, dass der Bus kommt» aufrechtzuerhalten, ihr einen Sinn beizumessen. Denn wenn ich das nicht täte, müsste ich ehrlicherweise im strömenden Regen mit dem Fahrrad fahren oder in der Innenstadt für zwanzig Euro parken – oder einfach zu Hause bleiben. Ich müsste also das ganze Vorhaben «Ich breche auf» für sinnlos erklären. Aber das tue ich nicht. Selbst wenn der Bus an diesem Tag zu meiner Uhrzeit ausfällt, und der nächste Bus hat Verspätung, und überfüllt ist er auch – selbst dann verliere ich nicht den Glauben an den Sinn, mit dem Bus fahren zu wollen. Ich mag fluchen und frustriert sein, aber ich gebe, solange ich noch nicht in Ruinen lebe, die Hoffnung nicht auf, dass es Sinn hat, an einer Bushaltestelle zu warten. Ja, die Hoffnung entsteht immer wieder dadurch aufs Neue, indem ich mich an der Bushaltestelle positioniere und auf den Fahrplan und dann auf meine Uhr schaue.

Daraus sollte ich lernen, dass Hoffnung im Großen genauso dadurch entsteht, dass ich Dinge tue, an deren Sinn ich glaube, auch wenn ich ihre unmittelbaren Resultate nicht sehe. Ehrlich gesagt gehört für mich strikte Mülltrennung nicht dazu, private Flugscham auch nicht, und andere wegen ihrer Konsumgewohnheiten zu kritisieren, auch nicht. Nicht weil ich keine Hoffnung habe, dass das nichts bringt. Ich habe sie nicht, aber darum geht es mir nicht. Ich sehe einfach den Sinn darin nicht, und darum machen mir diese Handlungen keine Hoffnung. Ich sehe keinen Sinn darin, privat auf einen oder zwei Flüge im Jahr zu verzichten, wenn gleichzeitig Fluggesellschaften Abertausende von Leerflügen veranstalten, um ihre Lizenzen für bestimmte Flugrouten nicht zu verlieren. Ich sehe keinen

Sinn darin, im Müllraum unserer Neubau-Siedlung nachzusortieren, was in welchen Behälter gehört, wenn gleichzeitig Millionen Tonnen unseres Mülls auf Deponien und in Verbrennungsanlagen wieder zusammengekippt werden. Ich sehe keinen Sinn darin, jemanden für ihr großes Auto zu kritisieren, solange die Gesetzgebung die Herstellung und den Verkauf großer Autos dramatisch begünstigt.

Aber ich sehe einen Sinn in Demonstrationen, in Protesten, in Briefen und E-Mails, im Geld-Spenden, im Wählen. Denn obwohl auch hier die einzelne Handlung so gut wie nie einen Unterschied macht, stärkt und belebt sie doch jedes Mal aufs Neue ein Prinzip, das mir sinnvoll erscheint. Ein Prinzip, das mir also, wie jede an sich sinnvolle Handlung, Hoffnung macht: das Prinzip, Druck nicht auf einzelne im Privaten auszuüben, sondern auf Strukturen und auf die Fachleute oder leider Nicht-Fachleute, die in diesen Strukturen für uns alle arbeiten sollen. Wenn wir dieses Prinzip aufgeben, gibt es keinen Widerspruch und keine Demokratie mehr. Wenn wir hingegen aufgeben, andere flugzubeschämen und ihre Mülltrennung nachzukontrollieren, passiert einfach gar nichts. Außer, dass alle, die es sowieso schon schwer genug haben, es ein bisschen leichter haben.

Oder? Später werde ich noch berichten, dass ich Geld gespendet habe an Organisationen, die im Grunde genau dasselbe tun: Menschen auf Straßen und an Flughäfen durch Protestblockaden daran erinnern, wie schädlich Autofahren und Fliegen ist. Ich denke aber, das ist ein Unterschied. In dem Moment, wo ich auf der Stadtautobahn Teil einer Verkehrsmasse bin, oder wenn ich im Flughafen einen Ferienflug bekommen möchte, bin ich in erster Linie Verkehrsteilnehmer und Reisender. Ich sehe es als Teil meiner Eigenverantwortung, dass ich mich in diesem Zusammenhang dann auch als solcher ansprechen lassen muss.

Etwas anderes aber ist es, wenn ich am späten Nachmittag,

Einkäufe an den Lenkstangen, mit dem Fahrrad durchs Viertel fahre, auf dem Gepäckträger das Paket, das ich im Post-Shop abgeholt habe. Ich halte an, um eine Freundin zu begrüßen, und das Erste, was sie zu mir sagt, während sie auf mein Paket zeigt: «Oh, beim bösen Amazon bestellt, das geht ja mal gar nicht.» Es ist ganz lustig formuliert, aber offensichtlich ernst gemeint (dass ihre Vermutung zutrifft, lässt sich nicht leugnen, denn das Paket trägt dieses zynische Amazon-Grinse-Logo). Ich glaube, sie ist wirklich erstaunt, dass ich bei Amazon bestelle.

Bisher war mein größtes Problem im Zusammenhang mit diesem Paket, dass es auf dem Kopfsteinpflaster vom Gepäckträger zu fallen drohte. Jetzt muss ich meinen persönlichen Lifestyle rechtfertigen. Das kriege ich noch hin, ich bin ja auch hier im Text gerade dabei, es ist quasi mein Beruf. Aber die Situation ist schief. Ich muss mich in einem Kontext, in dem es noch viele andere Themen gibt, dafür rechtfertigen, dass ich strukturelle Probleme nicht auf individueller Ebene zu lösen versuche. Die strukturellen Probleme: Amazon verursacht das Sterben des Einzelhandels und der Innenstädte, bietet schlechte Arbeitsbedingungen, verhindert Betriebsratsgründungen, verschmutzt in absurdem Maße die Umwelt, vermeidet Steuerzahlungen, vermietet Server-Farmen an Geheimdienste und Abschiebe-Behörden, und so weiter. Und das alles ermöglicht oder begünstigt durch die Struktur unseres Wirtschaftssystems und die dadurch verursachten gesetzlichen Regelungen. Mein individueller Beitrag, wenn ich bereit wäre, das strukturelle Probleme auf der Ebene meines Handelns zu lösen: Ich könnte Amazon, indem ich nicht bei der Firma kaufe, einen Bruchteil der finanziellen Mittel vorenthalten.

Dafür, dass ich es nicht tue, gibt es verschiedene Gründe. Erstens denke ich, dass es möglich ist, Aspekte der Gesellschaft zu kritisieren, auch wenn man gezwungen ist, ein Teil der Gesellschaft zu sein. Zweitens: Bequemlichkeit. Drittens: Inkonsequenz. Ich bestelle bei Amazon keine Bücher, die ich genauso schnell oder schneller und für denselben Preis bei der Buchhandlung bekomme. Damit die Buchhandlung den Umsatz macht, und nicht Amazon. Ich bestelle aber allerhand anderes Zeug bei Amazon: Corona-Masken, seltsame Glühbirnen, Lockenstäbe, Gersten-Tee. Weil ich keine Energie habe, noch mal loszugehen. Weil es billiger ist, weil ich mich belohnen will. Weil ich meiner Tochter eine Freude machen will. Und weil ich bereits an anderen Stellen meines Lebens und an anderen Momenten meiner Woche etwas nicht so Bequemes getan habe. Sei es, um mich gegen etwas zu wehren oder um etwas Sinnvolles zu tun. Sei es, weil es einfach anstrengend ist, das Alltagsleben im Spätkapitalismus am Laufen zu halten. Und genau das kann die Bekannte in dem Moment nicht wissen, und genau das kann ich über niemanden wissen, den ich selbst kritisiere, und sei es in Gedanken: welche Kompromisse diese Person mit sich selbst und anderen geschlossen hat, um an diesen Punkt zu kommen.

In Altona am Kaltenkirchener Platz ist ein gefürchtetes Postamt, gefürchtet, weil niemand in der Nähe wohnt und es von allen weit weg ist. Manche Zusteller*innen, die keine Post-Filialen anfahren können oder wollen, geben die unzustellbaren Pakete dann dort ab. Man muss also am Rande des Stadtteils lange in einer Schlange warten. Einmal, kurz vor Weihnachten – wir hatten alle noch Maske auf und bemühten uns mühsam, die Abstände einzuhalten –, war ein Kunde da, der nur ein paar Bogen schöne Briefmarken für eine Einladung oder so was kaufen wollte. Man hörte ihn am Schalter über die Auswahl beraten. Vorm Ausgang drehte er sich um und sagte laut und etwas aufgebracht: «Wenn ihr alle euren Scheiß nicht im Internet bestellen würdet, müsstet ihr euch jetzt nicht hier die Beine in den Bauch stehen.» Das war nicht mein schönstes Ferienerlebnis, aber ich fand es zutreffend und fair, weil er uns zwar verallgemeinernd, aber als Gruppe ansprach, die sich angesprochen fühlen durfte. Das leicht amüsierte Gemurmel war eher zustimmend als abwehrend.

Die Mitteilung des Kunden hatte die Wirkung, dass ich dachte: Ja, es nimmt überhand mit meiner Bestellerei, vielleicht geht es auch anders. Es war daher ein hoffnungsvoller Moment. Im Gegensatz zu der Begegnung mit der Freundin, die ich als eher hoffnungsfern empfand. Weil ich ihr eben nicht als anonymer Gruppen-Mensch mit der einzigen sichtbaren Eigenschaft «gelber Zettel in der Hand, Online-Besteller» gegenübertrat. Sondern als jemand Vertrautes, der sein Fahrrad eigentlich nur angehalten hatte, um einen Moment nicht allein zu sein.

4. Na ja und amen

In ihrem Buch «Trost» schreibt die Autorin Hanna Engelmeier im Kapitel «Alles muss man selber sagen» über die US-amerikanische Autorin Eileen Myles und über ihre, Engelmeiers, Tante Hety. Das verbindende Element zwischen diesen beiden disparaten Figuren ist ihr Glaube, und Engelmeier schreibt eine eindringliche Passage darüber, dass der Glaube Kummer erleichtert: «Warum? Weil der Glaube eine Hoffnung ist – auf etwas, das einen selbst übersteigt und überdauert und auf das man vor allem deshalb hoffen kann und soll, weil es eben jetzt nicht da ist. Das Argument läuft in etwa so: Weil du jetzt krank bist, kannst du Hoffnung auf die Gesundheit haben. Hoffnung kann man überhaupt nur dann haben, wenn es irgendeine Art von Mangel gibt, denn auf etwas, was schon eingetreten ist, kann und braucht man nicht zu hoffen.»

Als areligiös aufgewachsener Mensch hat mich das Trost- und Hoffnungspotenzial des Glaubens immer angezogen. Als Kind bin ich fast neidisch auf die Möglichkeit gewesen, sich von etwas Abwesendem, das paradoxerweise doch gegenwärtig ist, trösten lassen zu können. Auf die Möglichkeit, umso mehr hoffen zu dürfen, je weniger Anlass zur Hoffnung sichtbar ist. Als Erwachsener empfinde ich ehrliche, wenn auch ratlose Bewunderung.

Als ich Kind war, war einmal für zwei, drei Sekunden Peter Maffay der Papst und Apostel meiner Kirche. Ich war dreizehn und bei einem Schulfreund zu Besuch, dessen Vater im Wohnzimmer auf teurem Gerät neue Schallplatten hörte. «Lieber Gott, wenn es dich gibt …», klang Maffays Stimme durchs Reihenhaus, eine Spur zu laut, und ich dachte: Das ist es. Das ist mein Mann, meine Welt, mein Glaube. Diese Ahnung, dass es Gott nicht gibt, aber dann trotzdem beten. Ich war also nicht allein! Doch dann sang Maffay weiter: «Zeig uns deinen Weg, eh das Böse in uns siegt …», und ich dachte: Ach so, nee, wieso «uns», und wieso mit jemandem verhandeln, den es nicht gibt, und ich seufzte kurz in mein Tri-Top-Glas und dachte: Ich bin also doch ganz allein in meiner Kirche, es gibt nicht einmal einen Gott in dieser Kirche, es gibt nur mich. Und ich bete.

Mir ist klar, dass ich unmöglich der einzige Mensch bin, der betet, ohne an Gott zu glauben. Es fühlt sich nur sehr einsam an, weil fast alles fehlt, was normalerweise Religiosität ausmacht: Es fehlt ein heiliger Text, es fehlt die Gemeinschaft der Gläubigen, es fehlt Gott. Was aber bleibt dann überhaupt, warum tue ich es, und warum fühlt es sich absolut richtig an, obwohl mein Ritual nur aus Mangel besteht? Kann man beten ohne Gott?

Ich komme aus einer religionsfernen Familie. Der Generation meiner Großeltern ist die Religion zur Nazizeit verloren gegangen oder sie haben sie aufgegeben, weil Hitler die Kirche ersetzte. Mein Vater ist schon nicht mehr getauft, meine Mutter trat aus der Kirche aus, sobald sie konnte. Ich war als Kind nie in der Kirche, außer zum Besichtigen. Aber meine Schwester und ich mussten den freiwilligen evangelischen Religionsunterricht besuchen: für die Allgemeinbildung. Weil das die Wurzeln unserer Kultur sind. Es waren die späten Siebziger, wir malten auf Umdruck-Matrizen abgezogene alttestamentarische Szenen aus. Einmal ging ich mit einer Grundschulfreundin, bei der ich übernachtet hatte, am Sonntag in die Kirche und war froh, als die Lieder und die Predigt vorüber waren und ich nicht mit nach vorne musste, um mir von einem Typen im Umhang etwas auf die Zunge legen zu lassen und Traubensaft aus dem gleichen Becher zu trinken wie ein Dutzend anderer Kinder. Später im Gymnasium sprachen wir im Religionsunterricht über Christiane F., Kafka und Hausbesetzungen, das Wort «Gott» fiel nur, wenn jemand spöttisch «Ach Gottchen» sagte.

Während all dieser Zeit aber betete ich, und ich tue es bis heute. Dass man dabei die Hände faltet, schien und scheint mir selbstverständlich, und auch der Textanfang ist immer der gleiche: «Lieber Gott, bitte mach, dass …» Es ist, als bewohnte ich spirituell ein Kinderbuch, irgendwas noch vor Astrid Lindgren.

Der Kontrast zwischen Nicht-Glauben und diesem Gebets-Anfang könnte größer nicht sein: Lieber Gott, bitte mach, dass … Ich spreche also ein offensichtlich männliches, freundliches und allmächtiges Wesen an, dem ich zutraue, allerhand zu verursachen oder zu verhindern, bitte. Mein Gebet ist keine stumme Meditation, bei der ich Gedanken, mit denen ich allein nicht fertigwerde, ins Universum schicke oder so was; es ist eine Sprachnachricht an eine höhere Instanz, für die ich nur den Namen «lieber Gott» habe. Ich bitte ihn, dass etwas gelingt, dass er andere beschützt, dass er mir etwas verzeiht, dass er mich etwas Unwahrscheinliches erreichen lässt. Am Ende füge ich mitunter noch eine Liste von Personen an, denen ich alles Gute wünsche, so, als würde ich Gott bitten, sie von mir zu grüßen. Manchmal, wenn ich an einem fremden Ort bin, an dem ich mich unsicher fühle, bete ich jede Nacht. Manchmal einmal im Monat. Zwischendurch sende ich Stoßgebete gen Himmel, eine andere, modernere Präposition passt hier nicht. Denn ich halte dann inne und richte den Blick kurz nach oben wie ein Huhn beim Trinken. Und zwar immer, wenn mir ein Blaulicht-Wagen entgegenkommt oder ich eine Sirene höre: Lieber Gott, bitte mach, dass alles gut gegangen ist und dass alle gesund werden.

Ich bin kein Atheist. Also nicht in dem Sinne, dass ich anderen mitteilen und darüber diskutieren möchte, dass es keinen Gott gibt. Ich bewundere, wenn Menschen in einer Religionsgemeinschaft an Gott glauben, und auf welche Weise sie es tun, ist mir weitestgehend völlig egal. Ich lehne die Existenz von Gott nicht intellektuell oder emotional ab. Ich glaube nur einfach nicht daran, dass es ihn, sie oder es gibt.

Einmal habe ich eine sehr kluge Ordensschwester interviewt, die ein Buch über das Vergeben geschrieben hatte. Sie erklärte mir, Gott könnte unendlich viele Formen annehmen. Gott sei in der Liebe, die ich für meine Familie, für andere Menschen, für mich selbst empfände.

Auf dem Rückweg vom Interview hatte ich zum ersten Mal das Gefühl, ich hätte vielleicht doch einen Weg in einen gemeinsamen Glauben gefunden. Wenn es also einfach die Liebe war, woran Menschen glaubten, die an Gott glaubten, dann gehörte ich womöglich doch zu ihnen und hatte nicht meine eigene paradoxe Privatreligion. Aber schon drei Gedankengänge weiter fand ich keinen Zugang mehr zu dieser Idee, sie schien mir, je weiter ich mich von unserem Gespräch entfernte, und das sage ich mit allem Respekt, wie eine Umbenennung, Raider ist Twix, Liebe ist Gott.

Ich glaube, zu keiner Institution hätte ich zeit meines Lebens so gern gehört wie zu einer Kirche. Noch bevor der «Hot Priest» aus der Fernsehserie «Fleabag», die Rabbinerin aus «Transparent» oder «Father Brah» aus «Crazy Ex-Girlfriend» religiöse Amtsträgerinnen zur Kultfigur machten, schienen mir Kirche, Tempel oder Moschee Orte mit interessanten Menschen. Weil sie interessante Dinge taten: an die Liebe und abenteuerliche Geschichten und Unsichtbares glauben, singen, anderen zuhören und helfen. Der Vater eines alten Freundes ist Pfarrer im Ruhestand, und vor zwanzig Jahren habe ich gefragt, ob er mich taufen würde, wenn es so weit wäre (also, wenn ich einen

Glauben fände). Manchmal lässt er mir ausrichten, das Angebot stünde noch, aber ich müsste mich langsam beeilen. Ich würde gern dazugehören. Das kleine Ehrenamt, das ich hin und wieder ausübe, findet unter dem Dach einer Kirchengemeinde statt, weil sie die Räume verwaltet, und ich gehe gern dorthin. Aber wenn wir zum Dank zu einem Konzertgottesdienst eingeladen werden, weiß ich, ich gehöre nicht hierher und werde es auch nie tun. Die Wörter, die in der Kirche fallen, haben vor Ort keine Bedeutung für mich. Vergebung, Sünde, Ewigkeit.

Am ehesten noch Trost. Also: die Hoffnung, getröstet zu werden. Einmal, als ich auf einer Reise sehr einsam war, schreckliches Heimweh und eine depressive Episode hatte, half es mir, in einem Motel an einer Schnellstraße die Gideon-Bibel aus der Nachttischschublade zu nehmen. Weil mir, als ich sie in den Händen hielt, bewusst wurde, dass es sie nur gibt, weil Menschen sich seit Jahrtausenden einsam, hilflos und verzweifelt gefühlt und sich nach Trost gesehnt haben. Für einen Atemzug fühlte ich mich weniger allein, Teil einer großen Tradition Ungetrösteter an hoffnungslosen Orten. Aber sobald ich das Buch aufschlug und Sätze las, verflog der Zauber, und ich war wieder allein. Also zog ich die knisternde Überdecke vom Bett, legte mich hin und betete: Lieber Gott, bitte mach, dass ich mich nicht mehr so allein fühle, dass ich trotzdem schlafen kann und dass ich morgen die Arbeit gut hinkriege. Dann noch einen Teil darüber, was ich mir für die anderen wünsche, damit der Gott, an den ich nicht glaube, mich nicht für egoistisch hält. Amen.

Tatsächlich kommt mir mein Beten vor wie ein Wunschzettel: Ich erstelle eine Liste und hake sie ab, indem ich sie ausspreche, laut in Gedanken und oder leise vor mich hin, um den Straßenverkehr vorm Motel sachte zu übertönen. Manchmal wiederhole ich die Dinge, manchmal führe ich sie ein bisschen aus, aber es ist kein Nachdenken beim Sprechen und kein Mantra: Ich komme beim Beten nicht auf neue Gedanken, und ich finden keinen Frieden in der Wiederholung. Und doch entsteht, was ich eben Zauber genannt habe: für ein paar Sätze eine Ahnung von Seelenfrieden und eine Möglichkeit von Trost.

Ich bin glücklich über beides, aber es ist mit einem schlechten Gewissen verbunden. Wie konnte ich mir an den Kopf fassen, als der US-Vizepräsident sagte, wir müssten gegen Corona auf die Knie gehen und beten, und zugleich hole ich mir, ohne Gemeinde und ohne Bekenntnis, was er und seinesgleichen sich erhoffen? Eine Freundin von mir betet das Vaterunser, wenn sie Panikattacken hat. Ich konnte mich in all den Jahrzehnten meiner Betfreudigkeit nicht einmal dazu durchringen, es auswendig zu lernen, dabei ist es kurz. Wenn wir im Urlaub in eine Kirche gehen, weil sie sehr berühmt ist oder es regnet, setze ich mich im vorderen Drittel in eine Bank und bete, wobei ich aussehe, als würde ich die Deckenfresken studieren, und sobald ich fertig bin, überfällt mich eine große Ungeduld: Können wir jetzt bitte gehen? Ich warte draußen.

Selbst in größter Krise und tiefster Unsicherheit könnte ich mich nicht durchringen, mit anderen zusammen zu beten. Weil ich ihren Glauben nicht teile, und weil es mir, anders als ihnen, so privat erscheint, ein heimlicher, fast verschämter Moment. Erst wenn niemand guckt, schließe ich die Augen und falte die Hände und denke laut: Lieber Gott, bitte mach, dass das alles gut wird.

In der Bibel steht, in den Psalmen, Kapitel 50, Vers 15: «Rufe mich an in der Not, so will ich dich retten, so sollst du mich preisen.» Dieser Vers wird manchmal zitiert, wenn es um die Frage geht, ob man beten kann, ohne zu glauben. Ja, scheint die Antwort zu lauten, zumindest von Gottes Seite aus: Er rettet dich auch, ohne dass du ihn vorher gepriesen hast, ihm scheint es erst mal egal zu sein, ob du an ihn glaubst. Er verlässt sich drauf, dass du ihn hinterher preisen wirst. Tatsächlich sind viele meiner Gebete in Erfüllung gegangen, und manchmal habe ich Gott hinterher dafür gedankt. Oft habe ich es aber auch schlicht vergessen. Oder ich habe gedacht: Na ja, wieso jetzt bedanken, dass ich die Prüfung geschafft habe, bei wem denn, außerdem passt mir das zeitlich jetzt gerade nicht so gut, let's party. Aber das macht nichts, denn der Gott, an den ich nicht glaube, ist unfassbar geduldig. So unendlich geduldig und von so unbegreiflich wohlwollendem Desinteresse erfüllt, dass er sich in ein Nichts aufgelöst hat, und alles, was bleibt, sind die Worte, die ich an dieses Nichts richte, mal mehr, mal weniger, und heute und morgen ganz bestimmt mehr.

5. Im Treppenhaus, auf dem Weg zu meiner Mutter

Vor unserer Haustür steige ich aufs Fahrrad, und das Körpergefühl ist Aufbruch, Zuversicht. Ich habe es nicht weit, nur 650 Meter. Die Entfernung habe ich ausgemessen, um meiner Mutter zu sagen: Guck mal, so nah sind wir uns, wenn du nach Hamburg ziehst.

Ich radele die Straße hinunter, koste die endlose Rotphase zur Bleickenallee aus, dann das Kopfsteinpflaster auf der nördlichen Seite unserer Straße, dann halb links, dann ganz links, nur noch fünfzig Meter Fahrradweg. Mir sinkt das Herz, aber ich möchte es nicht wahrhaben. Sie hat doch eine schöne Wohnung in einer gepflegten Anlage. Die Nachbarn haben Trockenblumenkränze an den Wohnungstüren, ich sehe sie innerlich schon vor mir.

Ich bin doch ein Kind auf dem Weg zu seiner Mutter, es ist doch gut, ein Kind auf einem roten Fahrrad. Ich bin 48.

Ich lasse das Fahrrad auf dem Gelände der DRK-Senioren-Wohnanlage «Letzte Hoffnung»[*] ausrollen zum Hintereingang. Dort ist die Treppe, und ich muss nicht auf den Fahrstuhl warten. Die Treppe endet direkt vor der Wohnungstür meiner Mutter, im vierten Stock. Das hat sie sich gewünscht, und das haben wir für sie gefunden: eine Wohnung ganz oben, an der Ecke.

. . . .

[*] Name geändert.

46

Niemanden über sich, nur eine Person neben sich. Sich lieber am Rand halten. Sie ist eben meine Mutter, ich bin ihr Kind.

Wenn ich meine Mutter besuche, bringe ich ihr was mit. Manchmal was zu essen, ich koche immer genug für mindestens eine Person mehr. Vielleicht zwei Stück Käsekuchen. Es ist noch nicht die Phase, wo sie mich um Literflaschen Weißwein und Maxi-Packs steuerbegünstigter Filterzigarillos bittet. Oder, als ihr das Geldsparen egal wird, ihre geliebten Reyno-Mentholzigaretten. Das kauft sie sich im Moment alles noch selbst. Morgen hört sie auf.

Außerdem habe ich Hoffnung dabei, für mich. Aber während der Käsekuchen auf einer stabilen Pappe unter Wachspapier ist und das Lauch-Hack in einer luftdichten Fake-Tupperdose, bin ich selbst der Behälter für diese Hoffnung, und ich bin leider keine gute Verpackung. Ich bin löchrig und leicht zerreißbar. Mit jeder Treppenstufe merke ich, wie Hoffnung aus mir rausläuft wie eine Flüssigkeit oder ein sehr rieselfähiges Streugut. Als ich vor ihrer Tür stehe, ist der Hoffnungskanister leer.

Als meine Mutter im Sommer 2017 umzog nach Hamburg, war sie fast 75 Jahre alt, geboren in Berlin-Köpenick. Zuletzt hatte sie in Berlin in einer kleinen Wohnung in Zehlendorf-Mitte gewohnt, nur zwei oder drei Straßen von dort, wo meine Schwester und ich vor Jahrzehnten hinterm S-Bahnhof zur Schule gegangen waren. Nach der Scheidung fing meine Mutter Anfang der Achtziger wieder an zu arbeiten. Nach etwa fünfzehn Jahren wurde sie als berufsunfähig frühverrentet, mit der Diagnose klinische Depression. Als wir Kinder waren, bekamen wir das mit, aber es war kein Thema. Als es ein Thema wurde, waren wir ausgezogen. Ich finde eigentlich, dass meine Mutter sich immer ganz gut geschlagen hat. Tapfer. Das ist diese Kampf- und Kriegsrhetorik, die sich aufdrängt, wenn es um Krankheit geht. Wenn ich jetzt meine alten Sachen aufräume, finde ich liebevolle und lustige Postkarten, die meine Mutter mir während der Neunziger- und der Nullerjahre an meine Studienorte und dann nach Hamburg geschickt hat. Kuriose Informationen, die sie im Radio gehört hatte. Kalauer, die ihr jemand erzählt hatte oder die ihr wieder eingefallen waren. Gepresste Blumen aus dem Schönower Park oder vom Wäscheplatz, die aus Klappkarten fallen. Für dich würde ich sogar einen Mord begehen, steht auf einer Klappkarte mit einer gepressten Blüte, aber nur am ersten Krokus des Jahres aus dem Gemeindewäldchen!

Zwischendurch meldete sie sich tagelang, manchmal wochenlang nicht. Die Psyche, was sie sagte wie andere: der Rücken. Manchmal sprach ich ihr als vierte oder fünfte unbeantwortete Nachricht auf den Anrufbeantworter, ich würde nun als Nächstes bei der Polizeiwache in der Königstraße anrufen und sie bitten, mal einen Corsa vorbeizuschicken, um zu gucken, «ob du schon tot auf dem Teppich liegst».

Darauf rief sie an, mit schwerer Zunge, und meldete sich lebend. Es reichte mir, es musste mir ja auch reichen. Sie arbeitete sich dann wieder raus aus ihrem Loch. Noch so ein etwas unpassendes Sprachbild. Ich hatte ein Tief, sagte sie dann, und vielleicht war das das schönste, wenn auch ein falsches, weil trügerisches Bild: die seelische Verfassung als Großwetterlage, die ständigen Veränderungen unterworfen ist, wo aber auf jedes noch so lange Tief irgendwann auch wieder ein Hoch folgt.

Ich habe gerade ein Tief: eine hoffnungsvolle Aussage, egal mit wie kaputter Stimme sie vorgetragen wird. Weil die Veränderung mitgedacht ist, die Verbesserung.

In Hamburg hat meine Mutter irgendwann aufgehört zu sagen, ich habe gerade ein Tief. Der Umzug war ein traumatisches Erlebnis für sie, obwohl oder weil alles einigermaßen gut klappte. In Berlin hatte sie sich nach außen nie viel aus den Menschen in ihrer Umgebung gemacht, jetzt fehlten sie ihr. Sie hasste

Hamburg, das Wetter, die Häuser, die Menschen. Sie hatte Schwächeanfälle auf dem Weg zum Penny, sodass der obdachlose Zeitungsverkäufer ihr einen Stuhl hinstellte. Nachts lag sie wach mit Panikattacken, tags kam sie nicht aus dem Bett. Wenn sie uns besuchte, 650 Meter entfernt, wurde sie nach kurzer Zeit von einer furchtbaren Unruhe befallen und musste wieder gehen, gebückt und gehetzt. Sie ging wieder tagelang nicht ans Telefon und sagte dann, sie sei im Krankenhaus gewesen. Das Tief hörte nicht mehr auf, das Tief war jetzt die Welt, der Ort, an dem ihr Leben stattfand. Sie beschwerte sich über die Ärztinnen, ging nicht zur Therapie, nahm ihre Medikamente nicht.

Wohin war die Hoffnung verschwunden? Die Hoffnung, dass sie es besser haben würde in unserer Nähe, meine Schwester wohnt im gleichen Stadtteil. Die Hoffnung, dass sie Freude daran haben würde, noch ein bisschen Zeit mit ihren Enkelkindern zu verbringen, solange die daran noch Interesse hatten. Nichts davon traf ein. Die Hoffnung, die ich mir vor jedem neuen Besuch bei ihr machte, war in Wahrheit keine: Ich machte mir Illusionen.

Schon durch die geschlossene Tür konnte ich meine Mutter sehen, eine übernatürliche Fähigkeit, die mir zuwuchs durch die Atmosphäre auf dem breiten, langen Wohnanlagenflur, durch die Gerüche, durch den Luftzug unter der etwas zu dünnen Tür zu ihrer Zweizimmerwohnung. Wie sie auf einem ihrer beiden Ikeasessel saß, bestenfalls, in ihrer Reichweite halb mit Wasser gefüllte Gurkengläser als Aschenbecher, in denen die Kippen angeblich nicht so stanken. Eine ihrer Innovationen, um den Weg durchs Niemandsland in die Hoffnungslosigkeit etwas abzukürzen. Und der ausgeschaltete Kühlschrank, weil sich im Herbst und Winter Milch und Käse ja auch auf dem Fensterbrett hielten.

Es gibt im Deutschen die Formulierung, ein Mensch habe sich aufgegeben. Ich hielt es immer für einen eher melodramatischen Ausdruck: angewendet von ehrgeizigen Eltern auf ihre Teenagerkinder, die dabei sind, die Schule zu schmeißen, oder auf Menschen, die irgendwie nicht den Leistungsansprüchen und den Maßstäben anderer gerecht werden. Gib dich doch nicht auf. Die oder der hat sich echt aufgegeben.

Aber schmiss meine Mutter nicht das Leben, gab sie nicht jede Hoffnung auf, jede Hoffnung auf sich und darauf, dass sie einen Platz und noch irgendeine Perspektive im Leben, geschweige denn der Außenwelt haben könnte?

Wie zuständig ich mich gefühlt habe, wie sehr es mich gequält hat. Verantwortung und Schuldgefühle sind aber, denke ich, eher für meine Therapie geeignet als für dieses Buch. Wovon ich erzähle und worüber ich nachdenken möchte, ist die völlige Abwesenheit von Hoffnung.

Im Nachhinein ist es fast berauschend, das so wahrgenommen zu haben. Wie ein Abgrund, wenn man ganz nah an den Rand gegangen ist, und es fängt an, in den Beinen zu ziehen. Wie eine Mondlandschaft.

Ich habe mit meiner Mutter nicht über Hoffnung gesprochen. Aber sie hat gesagt, dass sie es müde ist zu leben. Sie hat auf das Ende gewartet und alles getan, um die Zeit bis dahin zu verkürzen. Alles, was sich von zu Hause aus und mit kleinen Ausflügen zu Penny tun ließ. Mit möglichst geringem Aufwand.

Eine Zeit lang habe ich mich daher gefragt, ob Depression das Gegenteil von Hoffnung ist. Dieses Gefühl, dass nichts mehr wichtig ist, nichts schön, dass einen nichts erreicht. Aber das wäre primitiv gedacht und herzlos formuliert, denn viele depressive Menschen, auch schwer depressive Menschen, haben Hoffnung, dass es ihnen besser gehen könnte. Sie warten auf Therapieplätze, sie drücken Tabletten aus Blistern, sie puzzeln im Gemeinschaftsraum in der Klinik, weil sie die Hoffnung haben, dass es besser werden könnte. Ich spreche mit einer Freundin, die monatelang in der Klinik war, und sie sagt: Nein, gespürt hat sie die Hoffnung nicht, sie hat auch nicht an die Hoffnung geglaubt, aber sie wusste, dass es so was wie Hoffnung geben muss, weil sie die Beispiele von anderen sah, denen es irgendwann zumindest ein wenig besser ging, oder weil andere zu ihr von Hoffnung gesprochen haben. Sie sagt, sie wollte die anderen (ihre Familie, alle, die sie lieben) nicht im Stich lassen, indem sie die Hoffnung aufgibt, also sich selbst. Sicher ein schwieriges Motiv. Meine Mutter hatte keinerlei Interesse mehr daran. Sie hat sich manchmal bei mir entschuldigt, dafür, wie viel Arbeit und Sorgen sie uns macht, aber es klang für mich eher so, als würde sie sich entschuldigen, dass sie immer noch da ist.

Der Krokuskopf, den sie im März vor vielen Jahren für mich gepflückt, gepresst und abgeschickt hat, mit einer hingeworfenen Zeile, einem liebevollen Scherz. Wo war diese Mutter geblieben, und warum hatte sie selbst ab einem bestimmten Punkt nicht mehr die Hoffnung oder überhaupt den Wunsch, wieder ein Mensch zu sein, der Hoffnung hat und anderen gepresste Blumen schickt?

Wir haben meine Mutter nicht überredet, in unsere Nähe nach Hamburg zu ziehen. Wir haben es nicht einmal besonders forciert, wir haben gesagt: Überleg es dir gut, es ist deine Entscheidung. Willst du das wirklich?

Nach und nach ist uns klar geworden, dass sie das seit Jahren nicht mehr konnte und dass sie nie gut darin gewesen ist: sich zu überlegen, was sie wirklich will. Vor allem: gut zu sich zu sein.

Zweieinhalb Jahre nachdem meine Mutter nach Hamburg kam, habe ich eine Therapie angefangen, wegen meiner eigenen Depression. Natürlich haben wir da auch über meine Familie und meine Mutter gesprochen. Einmal hat die Therapeutin mich gefragt: Was belastet Sie besonders an diesen Begegnungen mit Ihrer Mutter, was fällt Ihnen besonders auf, können Sie das näher beschreiben?

Ich musste gar nicht lange überlegen, es war mir vor längerer Zeit klar geworden. Ich sagte: Es macht mich so traurig, dass sie nicht besser für sich sorgen kann. Dass sie gar nicht weiß, was ihr guttut und was ihr schadet.

Es klingt so klein, aber was für ein riesiges, unermessliches Talent das ist, wenn man es hat: gut zu sein zu sich selbst.

Ich denke, das Gegenteil von Hoffnung ist nicht Depression oder, in Wortumdrehung, Hoffnungslosigkeit. Sondern die Unfähigkeit, gut zu sich zu sein. Die Unfähigkeit, für sich selbst zu sorgen.

Wie kann aber ein Nicht-Tun, eine Unterlassung, eine Unfähigkeit, das Gegenteil eines Gefühls sein? Ich glaube, weil Hoffnung kein Gefühl ist, sondern eben eine Handlung. Wer lebt und gut zu sich ist und für sich sorgt, drückt damit die Hoffnung aus, dass es einen Sinn hat und dass es noch Möglichkeiten gibt, Richtungen, in die das Leben sich entwickeln kann. Aus meinen dunkelsten Tagen kenne ich das selbst: die Wahrnehmung, dass das Leben nicht mehr aus Handlungen besteht, die Wahrnehmung, dass ich das Leben nicht mehr beeinflusse, sondern es nur noch über mich ergehen lasse. So hat meine Mutter am Ende dagesessen: wie jemand, der alles nur noch über sich ergehen lässt. Ich hätte ihr so sehr gewünscht, sie hätte sich Hoffnung machen können.

Es ist erschreckend, wie ansteckend die Abwesenheit von Hoffnung ist. Wie einem dieser Mangel in den Körper kriecht, wie er sich einem in der Kleidung festsetzt. Wenn ich in den letzten Monaten vor ihren Schlaganfällen und ihrem Tod die Wohnung meiner Mutter verlasse, habe ich ein schamhaftes

Gefühl der Erleichterung: Es ist überstanden, ich darf wieder nach Hause, dorthin, wo Menschen sich um mich und um sich selbst sorgen. Dorthin, wo es noch Hoffnung gibt. Ich war über eine Stunde da, ich habe den Kuchen geschnitten, ich habe mich durchgesetzt und die Küche aufgeräumt und den Müll zusammengerafft.

Aber die Erleichterung kommt nicht an in meinem Körper, jeder Schritt die Treppe hinunter ist paradox schwer, während ich gleich, auf dem Fahrrad, darum ringen werde, das Gleichgewicht zu behalten, weil mir dann so unheimlich leicht wird, haltlos, ich könnte wegfliegen vor Unverbundenheit und Ratlosigkeit.

Die Abwesenheit von Hoffnung überträgt sich viel leichter als Hoffnung. Mag sein, dass man mal Glück hat, und Hoffnung fliegt einem zu, das Ding mit Federn. Aber eher entsteht Hoffnung dadurch, dass man handelt. Es ist anstrengend. Für die Abwesenheit von Hoffnung hingegen muss man einfach gar nichts mehr tun.

Später, im Krankenhaus, sitze ich am Bett meiner Mutter, sie ist viele Wochen bewusstlos, bevor sie im Pflegeheim stirbt. Vor allem die ersten Tage und Wochen auf der Intensivstation sind, das Wort klammert sich an meine Fingerspitzen, um nicht aufs Papier zu müssen: schön. Meine Schwester und ich tauschen uns über die friedliche Stimmung aus, die uns erfasst, wenn wir, tageweise jeweils eine Stunde, abwechselnd, es ist der erste Pandemie-Winter, am Bett unserer Mutter sitzen. Endlich ist sie in Sicherheit, vor sich selbst, vor all den Zumutungen der Welt und des Lebens, so empfinde ich das. Sie muss sich um nichts mehr kümmern, sie muss nichts mehr tun. Ich merke, dass mich eine seltsame, schöne, leichte Zuversicht erfüllt, wenn ich bei meiner Mutter am Bett sitze.

Übrigens merke ich, dass ich manchmal das Wort «Zuversicht» als Synonym für «Hoffnung» verwenden möchte, einfach weil man beim Lesen eines längeren Textes, bei dem das H-Wort schon im Titel vorkommt, hin und wieder vielleicht mal was anderes hören und lesen will. Aber vielleicht ist hier der Zeitpunkt, um den Begriff Zuversicht ein bisschen zu schärfen. Hoffnung scheint mir eher zu bedeuten, dass man etwas Gutes für möglich und denkbar hält und dass man sich den Weg dorthin vielleicht sogar vorstellen oder ihn zumindest erahnen kann. Ich finde aber, man kann hoffnungsvoll sein und dennoch Angst haben.

Zuversicht aber ist vielleicht das Gegenteil von Angst: Ich kann einer Sache entgegensehen, ich kann hinschauen, ohne dass das, was mir dort entgegenkommt oder was mich erwartet, mir Angst macht. Oder zumindest kann ich hinschauen und diese Angst aushalten. Meine Mutter hatte in den letzten Jahren ihres Lebens immer wieder so große Angst, dass sie es nicht mehr aushalten konnte. Panikattacken sind eine weitverbreitete Alterserkrankung, meine Mutter hat keinen Weg mehr gefunden, sich damit auseinanderzusetzen und Linderung zu finden. Diese Angst war so groß, dass sie manchmal vor ihr zu uns geflohen ist, und dann aber, wenn die Angst sie bei uns am Esstisch einholte, gleich wieder zurück. Sie konnte nur noch abhauen, sie konnte nicht mehr hinsehen.

Woher kommt die Zuversicht, die ich jetzt empfinde, wenn ich an ihrem Bett sitze? Manchmal singe ich die Lieder, die sie uns zum Einschlafen vorgesungen hat, als wir Kinder waren, manchmal spiele ich ihr ihre Lieblingsoper vor, «Die tote Stadt», von Korngold, oder Symphonie-Aufnahmen von ihrem Lieblingsdirigenten Georg Solti. Sie reagiert nicht, aber uns umgibt eine Leichtigkeit, die ich seit Jahren nicht verspürt habe. Es ist, als hätte die Abwesenheit von Hoffnung sich aufgelöst und ihrerseits ein Vakuum hinterlassen, das innerhalb kürzester gefüllt werden will. Ich weiß gar nicht, was wir in diesen Tagen hoffen: dass sie wieder gesund wird? Dass sie in Frieden und ohne Leiden stirbt? Dass sie für immer einfach so daliegen darf, mit uns in der Nähe?

Es ist egal, denn zwar ist nichts davon realistisch, vor allem die erste und die dritte Option nicht. Aber es ist, das muss ich sagen, um so vieles besser als die Monate und Jahre davor, dass ich gar nicht anders kann, als eine sehr große und sehr vage Hoffnung zu spüren.

6. Die Angst erziehen

Die Begegnung mit eigenen, älteren Texten ist manchmal unangenehm. Es ist, wie in einem Teenager-Tagebuch zu blättern, nur mit dem Unterschied, dass ich nicht erfahre, für welche Mitschülerin oder welchen Mitschüler ich geschwärmt habe, sondern für welche Gedanken und Ideen. Zum Beispiel habe ich für die Zeitschrift Brigitte einmal einen sehr langen Text geschrieben, in dem es um Angst ging, genauer gesagt darum, wie man irrationale Ängste besser aushalten kann. Es war 2017[*], und die großen Ängste, mit denen populistische Politiker*innen und Journalist*innen besonders erfolgreich Stimmung machten, waren die Geflüchteten, Terroranschläge und die scheinbar wachsende Kriminalität. Gegen diese irrationalen Ängste wendete sich damals mein Text. Er streift auch die Angst vor wirtschaftlichem Abstieg, ein allgemeines gesellschaftliches Unbehagen, Angst vor gesellschaftlichen Veränderungen, verdichtet im rechten Schlagwort vom «besorgten Bürger». Aber der Text wirkt heute auf mich nicht nur deshalb naiv, weil er vor Corona erschien. Sondern auch, weil darin mit keinem Wort die Klimakrise vorkommt.

Ich weiß nicht mehr genau, woran das lag, aber ich habe ein

....

[*] Der hier zitierte Text erschien in Brigitte 26/2017 und ist auf brigitte.de abrufbar unter dem Titel «Krieg, Armut, Furcht, Anschläge, Wut – wie soll man das aushalten?».

paar Vermutungen. Die erste, kritisch: dass es mich wirklich nicht interessiert hat, wie der Planet zur Hölle fährt, und dass tatsächlich erst Greta Thunberg und Fridays for Future mich dafür (wieder) sensibilisiert haben. Die zweite, nachsichtig: dass ich einen politischen Text gegen die mangelnde Solidarität mit Geflüchteten schreiben und mich auf dieses Thema konzentrieren wollte. Die dritte, wahrscheinlichste: dass es einfach irgendwie zu viel war, und dass jetzt auch noch Klimakrise die Argumentation der von mir zitierten Expert*innen überstrapaziert hätte.

Die Idee war nämlich so schön: dass man rationale und irrationale Ängste voneinander unterscheiden kann und dass unsere Ängste ganz überwiegend irrational sind. Ich zitiere den Psychiater Peter Zwanzger, Ärztlicher Direktor am Inn-Salzach-Klinikum in Wasserburg, der Angst ein «Kontinuum» nennt, das uns durchs ganze Leben begleitet: Mal nimmt sie zu, mal wird sie weniger, und ob sie dabei die Schwelle zur Angsterkrankung überschreitet, hängt von biologischen und genetischen Voreinstellungen, von ererbten Persönlichkeitsmerkmalen und von einschneidenden Lebensereignissen ab. Im Idealfall lernt ein Mensch beim Erwachsenwerden, mit seinen Ängsten umzugehen und sich von ihnen nicht überwältigen zu lassen. «Dann kann ich als Erwachsener auch einordnen», sagt Zwanzger in meinem alten Text, «dass der Terrorbedrohung eine statistische Wahrheit gegenübersteht: und zwar die, dass das Risiko vergleichsweise sehr gering ist.» Und weiter, in den Worten des erfahrenen Psychiaters: «Die Angst kann dadurch gelöst oder gelöscht werden, dass ich erfahre, dass sie irrational ist.» Ich hatte dann, 2017, auch ein supergriffiges Beispiel: Niemals, sagt der Berliner Risikoforscher Gerd Gigerenzer in meinem alten Text, war jemand in der Weltgeschichte sicherer als ein 7-jähriges Kind heute.

Wenn ich das heute, nur sechs Jahre später, noch mal lese, wundere ich mich, wie ich diese Einschätzung einfach so unkommentiert zitieren konnte. Nun, es ist ja wahr – wenn man über Verbrechen, Krankheiten, den Straßenverkehr oder die Gefahr spricht, von einem Säbelzahntiger zerfleischt zu werden. Aber wenn man sich nur einige Minuten auf der Webseite des IPCC, des Regierungsübergreifenden Komitees zum Klimawandel der UN, aufhält, kann man sich noch einmal davon überzeugen, dass niemand in der Weltgeschichte einer so sicher voranschreitenden globalen Katastrophe ausgesetzt war wie ein 7-jähriges Kind heute.* Wie soll man mit dieser völlig rationalen Angst umgehen?

Niemals war ein 7-jähriger Text in der Weltgeschichte so überholt wie meiner heute. Zwei Stellen bilden allerdings Ausnahmen. Ich lasse mir zum einen vom Hamburger Philosophen Jörg Bernardy den Stoizismus erklären, eine philosophische Richtung, die ihre Wurzeln im antiken Griechenland hat und lehrt, die Dinge zu ertragen, indem man eine andere innere Haltung zu ihnen findet. Eigentlich geht es um das, was in ähnlicher Form auf viel zu vielen Kitschpostkarten steht, aber trotzdem stimmt: zu unterscheiden, welche Dinge man ändern kann, und welche nicht. Und dann die einen zu ändern und die anderen zu ertragen.

«Die schwierigste Übung ist dabei, die Realität der Welt so zu sehen, wie sie ist, mit einem neutralen, ehrlichen Blick», sagt Bernardy. «Früher war dieser neutrale Blick Gott vorbehalten, es ist im Grunde eine Errungenschaft des 17., 18. Jahrhunderts,

. . . .

* Nachzulesen im Klimabericht auf ipcc.ch. Leider gibt es die Webseite des oben schon erwähnten Intergovernmental Panel on Climate Change der Vereinten Nationen nicht auf Deutsch. Eine nützliche Zusammenfassung des IPCC-Berichts vom März 2023 gibt es auf der Webseite des Deutschen Wetterdienstes dwd.de, wenn man bei der Suchfunktion «IPCC 2023» eingibt.

dass Menschen selbst sich diesen neutralen Blick angeeignet haben. Der bedeutet nicht, die Welt ohne Mitleid zu betrachten. Aber er erlaubt uns, uns von der Angst zu lösen, indem wir Leid und Elend identifizieren, das wir ändern könnten. Und wenn wir da aktiv werden, wo wir aktiv werden können, tun wir etwas gegen unsere Angst.»

Sich die eigene Verletzlichkeit einzugestehen, ist der Schlüssel dazu, die Welt zu ertragen, sagt Bernardy: «Wenn man sich so sehen und akzeptieren kann, wie man ist, nämlich verletzbar und in seinen Möglichkeiten beschränkt, dann kann man auch die Welt so sehen und so akzeptieren, wie sie ist – unvollkommen, oft schrecklich, aber eben auch nicht durch uns allein zu ändern.» Das Gefühl, die Welt nicht aushalten zu können, ist ein Gefühl von Unfreiheit und Ohnmacht. «Aber Freiheit besteht darin, dass wir erkennen, dass wir zwar selbstbestimmt sind, aber zugleich auf andere angewiesen. Ich kann zwar mit anderen zusammen im Rahmen meiner Möglichkeiten etwas tun, aber ich selbst bin eingeschränkt. Man muss abwägen und klar erkennen: Welchen Handlungsspielraum habe ich überhaupt? Wo kann ich was tun? Und das fängt in den ganz alltäglichen Beziehungen zu anderen Menschen an, nicht damit, dass ich mich seelisch verausgabe, weil ich das Leid von Millionen am anderen Ende der Welt nicht aushalte. Es gilt abzuwägen zwischen Vernunft und Gefühl.»

Ich probiere diese Zeilen heute aus und frage mich, ob sie auch auf die Klimakrise passen, die ich damals, als ich im etwas zu warmen Spätherbst 2017 mit Jörg Bernardy vor einem Café im Hamburger Stadtteil Sankt Georg saß, nicht einmal angesprochen habe. Ich glaube, sie ist etwas zu groß für den Stoizismus und die einfachen Sätze, in denen Bernardy ihn für mich und meinen Text zusammengefasst hat. Ich glaube, dass wir das Leid von Millionen Menschen am anderen Ende der Welt nicht aushalten dürfen. Weil, bezogen auf die Klimakrise, das Leid am anderen Ende der Welt auszuhalten, bedeutet, das Leid der ganzen Welt nicht aufzuhalten, und dann ist alles vorbei.

Aber der Gedanke, dass man den eigenen Handlungsspielraum ermessen muss, um zu tun, was man kann, und dass der unmittelbare Kontakt mit den Menschen in der eigenen Umgebung wichtiger ist, als sich allein zu verausgaben – das gilt erst recht 2023/24. Zwar habe ich Angst, dass ich alleine nichts tun kann. Auf Urlaubsflüge ganz zu verzichten, so wenig wie möglich Plastik zu verwenden, weniger Mist zu kaufen und so weiter: Manchmal scheint mir das sinnvoll, dann habe ich für Minuten oder ein paar Tage ein gutes Gefühl dabei. Aber dann holt mich ein Gefühl von Sinnlosigkeit ein. Ich respektiere und bewundere alle, denen es Hoffnung macht, wenn sie allein, mit ihrer Familie oder ihrer WG so klimagerecht wie möglich leben. Mir erscheint es sinnlos, solange die Bundesregierung sich nicht einmal an gesetzliche Klimaziele hält und solange es nicht noch effektivere Regeln für wohlhabende Menschen in den reichen Industriestaaten gibt, und für die Industrie insgesamt. Es macht mir keine Hoffnung, meinen ökologischen Fußabdruck zu verringern.* Aber wenn es anderen Hoffnung macht, die dadurch auch noch ein Vorbild sind für wieder andere, denen es auch Hoffnung machen könnte? Wie gut. Ich bewundere es.

Ich möchte aber auch nicht nichts tun. Im Sinne von: mich damit abfinden, dass ich allein sowieso nichts ändern kann. Also verhalte ich mich widersprüchlich, es geht kreuz und quer, ich schone die Erde und schädige sie in einem Atemzug. Ich fahre mit dem Auto zum Supermarkt, um den Großeinkauf für die ganze Woche zu machen, aber dort kaufe ich vegane Bur-

* Zumal die Bedeutung des «ökologischen Fußabdrucks» auf eine Kampagne des Erdölkonzerns BP zurückgeht, der damit die Verantwortung von der Industrie auf den einzelnen Menschen verschieben wollte.

ger-Pattys, weil wir beschlossen haben, zu Hause vor allem aus Klimaschutzgründen kein Fleisch mehr zu essen. Die Pattys schmecken sehr gut. Ich kaufe sechs. Sie sind jeweils zu zweit in Plastik eingeschweißt. Aus dem Bohnenwasser der Kichererbsen mache ich eine sehr gute vegane Mayonnaise, mit den Plastikverpackungen der veganen Pattys und der Kichererbsendose ist der Plastikmüll unter der Spüle schon halb voll. Und so weiter, ein Schritt vor, zwei zurück, bestenfalls mal umgekehrt.

In meinem alten Text aus dem Jahr 2017 sind auch Passagen eines Interviews, das ich mit der Historikerin Bettina Hitzer geführt habe, und auch sie scheinen mir nicht überholt zu sein. Bettina Hitzer beschäftigt sich mit der Geschichte von Gefühlen, und sie sagt zum Beispiel, dass Angst heute im Gegensatz etwa zu den Achtzigerjahren als etwas so Elementares, Authentisches gesehen werde – was zur Folge hat, dass Menschen oft die Frage gar nicht mehr stellten, ob man seine eigenen Ängste nicht auch kritisch betrachten könnte. Wohlgemerkt: Auch sie spricht von den eher diffusen Ängsten, über die ich 2017 noch schreiben konnte, ohne die Klimakrise zu erwähnen. Aber ich stelle fest, dass die Formulierung, die sie damals wählt, in mir auch heute etwas zum Klingen bringt. «Die Angst erziehen» nennt sie das, wenn man in der Lage ist, die eigenen Ängste auch infrage zu stellen. Und zwar so, dass man die Angst selbst als etwas Wandelbares, Beeinflussbares sieht. «In den Büchern von Astrid Lindgren», zitiere ich Bettina Hitzer, «zum Beispiel in ‹Mio, mein Mio›, da geht es genau um diese Frage: Wie kann ich allein mit meiner Angst umgehen? Wie schaffe ich das, ohne ein therapeutisches Gespräch führen zu müssen? Das ist etwas, was heute relativ wenig thematisiert wird.»

Nun bin ich in der privilegierten Position, zweimal in der Woche auf Kosten meiner Krankenkasse ein therapeutisches Gespräch führen zu können. Aber dennoch bin ich darauf angewiesen, für die meiste Zeit meines Lebens einen Weg zu finden, allein mit meiner Angst umzugehen. Wie erziehe ich meine Angst? Wie meine Kinder. Unvollkommen, widersprüchlich, über lange Phasen gar nicht. Und dann wieder mit sehr viel Eifer, sodass ich weit übers Ziel hinausschieße.

Wenn es überhaupt so etwas wie einen roten Faden in der Erziehung meiner Angst gibt, dann diesen: Wenn mich die Welt überwältigt (IPCC-Bericht, Meerestemperaturen, 40 Grad in Hamburg), versuche ich, woanders etwas Gutes zu bewirken. Nicht fürs westliche Konzept von Karma. Sondern für das persönliche Gefühl, nicht völlig machtlos zu sein. Es tut nichts fürs Klima, nichts gegen den Krieg in der Ukraine, nichts gegen die nächste weltweite Seuche, wenn ich meiner Tochter nach der Schule ohne Vorankündigung ihr Lieblingsessen koche oder wenn ich mit ihr in das inzwischen doch eigentlich zu teure italienische Restaurant am Park gehe, obwohl es einfach Mittwoch um 13 Uhr 15 ist, eine Schulwoche, und das Konto ist fast leer. Auch nicht, wenn ich irgendwas anderes Kleines tue, das nur mir selber und vielleicht einer einzigen anderen Person nützt. Aber es erzieht meine Angst. Sie ist größenwahnsinnig, sie glaubt, sie könnte alles beherrschen, aber wenn ich mit einer App ein paar Bassnoten zu einem Lied spiele, das ich mag, wenn ich einer Kollegin ein Buch schicke, mit dem sie nicht rechnet, wenn ich einem Freund schreibe, dass ich mich auf unser nächstes Treffen freue, dann entsteht in diesen Momenten eine Hoffnung, die ganz unabhängig von den Krisen der Welt ist und die dennoch eine Hoffnung ist. Nämlich die, dass wir uns verbinden können, dass wir Freude und nicht nur Leid in die Welt bringen können und dass es zumindest Momente gibt, in denen alles möglich scheint. Und daraus lernt die Angst vielleicht, dass sie nicht allmächtig ist.

Ich hätte gern mit meiner Mutter über diesen Gedanken gesprochen. Ich hätte ihr so gern geholfen oder wenigstens vorgeschlagen, die Angst zu erziehen.

7. Selbstfürsorge ist Hoffnung ist Selbstfürsorge

Auf dem Tiefpunkt der Hamburger Jahre mit meiner hoffnungslosen Berliner Mutter fange ich erst eine Therapie und dann einen Japanischkurs an. Die Therapie dient sehr gezielt dazu, meine Depression zu lindern und die Sorge über meine Mutter einordnen und verarbeiten zu können. Der Japanischkurs ist eine Übersprungshandlung, die ich mir anfangs gar nicht erklären kann und die sich nach einigen Monaten als geradezu heroischer Akt der Selbstfürsorge entpuppt.

Ich glaube, ich hatte den Japanischkurs deshalb im Kopf, weil «Japanischkurs» in der Zeit des ersten Corona-Lockdowns zu so einer Art geflügeltem Wort wurde. Während manche sich abschufteten mit Homeschooling, Homeoffice, psychischen Problemen und finanziellen Sorgen, fingen andere an, Brot zu backen und Japanisch zu lernen, das war wie so eine Redewendung. Leute, die so viel Zeit hatten, dass sie anfingen, die abwegigsten Dinge zu tun, und dabei immer noch Selbstverbesserung und Leistung im Auge hatten.

Im Jahr vor der Pandemie hatte ich durch die Einladung eines Freundes eine Woche in Tokio und Kyoto verbracht, ohne jede Vorbildung, und vor Ort war ich komplett verblüfft über die völlig unverständliche Sprache mit ihren drei verschiedenen Zeichensystemen (vier, wenn man lateinische Buchstaben auch noch mitzählt, mit arabischen Zahlen fünf). Ich fragte mich damals mit etwas distanzierter Faszination, wie es möglich sein könnte, diese Sprache zu lernen. Und zu lehren: Wie vermittelt man Menschen aus anderen Sprachwelten diese Zeichen- und Silbensysteme, die komplett andere Grammatik? Es überstieg meine Vorstellungskraft.

Eines Nachmittags kurz nach dem ersten harten Lockdown saß ich im Büro und wartete darauf, dass meine (wegen Corona) per Bildschirm stattfindende Therapiestunde anfing. Ich war komplett überfordert, weil ich eigentlich ein Buch fertigschreiben musste, aber zugleich das Gefühl hatte, den Herausforderungen der Pandemie nicht gewachsen zu sein. Den Kindern keinen adäquaten Ersatz für Schule und Freund*innen bieten zu können, mich innerlich von meiner Frau zu entfernen, weil wir den ganzen Tag aufeinanderhockten, und über allem immer der Druck, endlich wieder meine Mutter zu besuchen und mich, was immer das bedeuten sollte, um sie zu kümmern. Ich schlief zu lang in die Tage und war dann bis in den Abend auf merkwürdig passive, tatenlose Weise gehetzt und gestresst, weil in dieser Zeit alles einerseits gar nicht und andererseits zugleich stattzufinden schien. Alles schien elementar wichtig und zugleich völlig vergeblich.

Während ich darauf wartete, dass die Therapeutin meinen Zugang zur hakeligen Institutsplattform freischaltete, hatte ich plötzlich eine Art Epiphanie: Ich könnte mich ja gegen diese Mischung aus Stress, Überforderung, Ziellosigkeit und Trägheit wehren, indem ich etwas komplett Nutzloses tat, nur für mich. Ich könnte zum Beispiel schauen, ob man online auch Japanisch lernen konnte. Einfach, um herauszufinden, wie eine Lehrkraft an einer Hamburger Volkshochschule es anstellte, einem kompletten Anfänger wie mir etwas schier unbewältigbar Komplexes beizubringen. Innerhalb von drei oder vier Minuten hatte ich mich online bei einem Anfänger-Zoomkurs Japanisch angemeldet und zum ersten Mal seit Monaten das Gefühl, etwas für mich getan zu haben.

Wenn ich mich richtig erinnere, war der Ausdruck Selbstfür-sorge oder Selfcare in den ersten Monaten der Pandemie 2020 noch gar nicht so verbreitet, aber es ging dann plötzlich ab Herbst 2020 sehr schnell: was alles Selfcare war und wie wichtig es war, für sich selbst zu sorgen. Ich konnte mir darunter immer wenig vorstellen, weil ich keine Massagen, keine Schaumbäder und nicht meditieren mag und weil ich Wellness-Tees nach dem Aufbrühen immer vergesse und kalt werden lasse.

Durch den Japanischkurs habe ich dann aber ganz unver-mutet begriffen, was Selbstfürsorge eigentlich bedeutet: wo-möglich, etwas zu finden, das einem Zuversicht gibt. Gar nicht unbedingt gleich die ganz große Hoffnung auf Lebens- oder Weltverbesserung, sondern Zuversicht, dass das Leben nicht nur im Schlechten, sondern eben auch im Guten facettenrei-cher ist, als man bis eben wusste.

Die erste Doppelstunde Japanisch per Zoom am Mittwoch-abend war ein Schock, und um ein Haar hätte ich sie abgebro-chen. Als die Lehrerin uns die erste Seite im Kursbuch erklärt hatte, die kurzen, in Lautumschrift wiedergegebenen Dialoge zwischen Leuten, die sich auf der Arbeit verabschieden oder die nach Hause kommen und dort begrüßt werden. Um uns an ein paar Redewendungen zu gewöhnen und uns zum ersten Mal die Silben zusammensetzen und die Satzmelodien ausprobie-ren zu lassen. Ich war komplett hilflos und überfordert, meine Zunge und mein Gehirn wehrten sich mit aller Kraft gegen die-se neuen Zumutungen. Was denn jetzt noch! Ich hatte Angst, zum Sprechen aufgefordert zu werden. Nicht, weil die Lehrerin irgendwie furchteinflößend oder unfreundlich gewesen wäre, im Gegenteil, sie war und ist freundlich, humorvoll und klug und genau richtig nachsichtig und genau richtig streng. Aber. Ich habe immer Angst, etwas nicht zu können. Und dem setzte ich mich jetzt hier freiwillig aus?

Dann kam der zweite Hammer. Nach einer halben Stunde

sagte die Lehrerin, sie würde uns nun in Zweiergruppen zusammenschalten, und wir sollten vier Minuten den Dialog von Seite 8 üben, mit wechselnden Rollen. Der Bildschirm wurde schwarz, und es kam diese Warteanzeige, ich wäre nun gleich in Raum soundso.

In diesem Moment wusste ich, dass ich den Rechner zuklappen und das ganze Experiment «Ich mache etwas Nutzloses, um den Kopf freizukriegen und für mich selbst zu sorgen» beenden musste. Es war undenkbar für mich, mit einer fremden Person in einer für mich (nach dreißig Minuten) unbeherrschbaren Sprache zwei Dialogzeilen aus einem Buch abzulesen. Wahre Selbstfürsorge wäre nun, diesen Versuch der Selbstfürsorge abzubrechen, sofort.

Ich hatte die Hand schon am oberen Rand des Laptops, um ihn einfach kurz und schmerzlos zuzuklappen, was beim Zoomcall den Vorteil hat, dass sofort alles abbricht und man sofort nicht mehr zu sehen und zu hören ist, es ist wie früher einfach den Telefonhörer auf die Gabel knallen. Aber in dem Moment, als meine Hand anfangen wollte, den Rechner zuzuklappen, wurde mir etwas klar, so, als erwachte ich aus einem Traum, einer Illusion. Es ging ja hier um überhaupt nichts. Es stand für mich überhaupt nichts auf dem Spiel. Alles, was ich riskierte, wenn ich den Rechner offen ließ und mit Lena san die Verabschiedungsformeln von Büroangestellten austauschte, war, dass ich mich einer Person gegenüber, die ich nie zuvor gesehen hatte, dazu bekannte, dass ich Japanisch-Anfänger war, eine in diesem Zusammenhang völlig unschockierende Enthüllung. Aber alles, was ich riskierte, wenn ich den Rechner zuklappte, die 150 Euro für den Kurs abschrieb und in Zukunft mittwochs abends wieder alte Folgen von «The Office» schaute, war, dass ich nie rausfinden würde, ob ich hier nicht gerade dabei war, mir einen großen Quell von Zuversicht und Hoffnung zu erschließen.

Und ich glaube, genau das ist Selbstfürsorge: die Hoffnung auf Freude. Die Zuversicht, dass es einem gelingt, sich selbst etwas Gutes zu tun. Ich war angezogen von der Kompliziertheit des Japanischen, die Lehrerin war mir sympathisch, das Lehrbuch machte einen guten Eindruck, die anderen im Kurs waren alle auch nicht besser als ich, es sprach also alles dafür, dass mir hier nur Gutes widerfahren konnte. Und dennoch war ich bereit, das aufzugeben, bevor es losgegangen war, einfach nur, weil ich Angst hatte, etwas nicht zu können, das ich gar nicht können konnte.

Ich glaube, es war das erste Mal, dass mir klar wurde: Meine Psychotherapie bringt etwas, denn ich bin offenbar dabei, so eine Art positiven Selbsterhaltungs-Impuls zu entwickeln, einen Hoffnungs-Reflex. Ich ließ die Hand am Laptopdeckel sinken und dachte: Nee, das machst du jetzt. Denn das Gefühl, den Rechner zugeklappt und das alles aufgegeben zu haben, wird so viel schlechter sein als das Gefühl, eine unangenehme Situation überstanden zu haben in der Hoffnung, dass die Situationen danach von Mal zu Mal etwas weniger unangenehm werden. Nichts anderes ist ja lernen: Hoffnung darauf, etwas eines Tages etwas weniger schlecht zu können.

Ich bin froh, dass nicht bei der ersten Möglichkeit aufgegeben habe. Denn nicht nur habe ich gemerkt, dass es für mich Selbstfürsorge ist, etwas zu lernen, das für mich keinen konkreten Nutzen hat, das keiner Verwertungslogik folgt, wie ansonsten fast alles in meinem Leben.[*] Ich habe gemerkt, wie gut es mir tut, anderthalb Stunden in der Woche so beschäftigt mit etwas Schwierigem zu sein, dass ich mir in dieser Zeit keine

· · · · · · · · · · · · · · · · · · ·

[*] Ich bin mir der Ironie bewusst, dass ich nun ein Buchkapitel über etwas schreibe, das angeblich, wie gerade gesagt, «keiner Verwertungslogik» folgt.

Gedanken über diffuse Ängste und konkrete To-do-Listen machen kann.

Ich habe aber auch auf anderer, inhaltlicher Ebene gemerkt, dass mir die fremde Sprache Material gibt, um mir Hoffnung zu machen. In der ersten Stunde haben wir gelernt, wie man sich vorstellt (kurz nachdem ich den Rechner doch nicht zugeklappt habe). Die Formel für «Freut mich, Sie kennenzulernen» lautet «dozou yoroshikou». Die Lehrerin erklärte, dass dozou «Bitte» bedeutet und «yoroshikou» so viel wie «Seien Sie gut zu mir» oder «Geben Sie gut auf mich acht».

Mir ist klar, dass das nur eine Floskel ist und dass die japanische Gesellschaft kein Utopia ist, im Gegenteil.[*] Aber in diesem Moment ging in mir ein Fenster auf, ich fühlte mich lichtdurchflutet. Die Vorstellung, einem Menschen, dem man noch nie begegnet ist, beim Kennenlernen zu sagen: Bitte geben Sie gut auf mich acht! Wie oft habe ich mich in solchen Situationen schüchtern, kraftlos und ängstlich gefühlt, überfordert von einer fremden Umgebung und fremden Menschen. Die Idee, aus dieser Seelenlage zu einem neuen Menschen zu sagen: Bitte seien Sie gut zu mir. Ich glaube, ich habe gekichert vor behutsamer Begeisterung.

Ich habe nun nicht angefangen, die Formel ins Deutsche zu übersetzen und bei neuen Begegnungen in Leipzig oder Frankfurt am Main vom Stapel zu lassen. Aber sie hat mir ermöglicht, darüber nachzudenken, wie es wäre, sich einem fremden Menschen mit einer Geste anzuvertrauen. Statt, seien wir ehrlich, mit einer Schwindelei: Ich freue mich, Sie kennenzulernen?

．．．．．．．．．．．．．．．．．．

* Die japanische Sprache hat viele Aspekte von Abgrenzung und Hierarchisierungen: verschiedene Ebenen von Höflichkeitsformen, die Status der Sprechenden und Angesprochenen deutlich machen, und vor allem traditionell eine Frauen- und eine Männersprache sowohl im Gesprochenen wie in der Schrift.

Es gibt noch eine andere für mich sehr hoffnungsvolle Formulierung aus dieser Sprache, an deren Rändern ich aus Selbstfürsorge angefangen habe herumzustochern.

Ungefähr drei- bis viermal im Jahr habe ich eine relativ schwere Erkältung. Ich gebe das nicht so gern zu, denn ich habe in all den Jahrzehnten das Gefühl nicht abschütteln können, die Erkältung sei meine Schuld. Weil ich mich nicht genug bewegt habe, nicht genug an der frischen Luft war, nicht ausgewogen genug gegessen habe. Womöglich habe ich mich nicht warm genug angezogen, oder ich habe Zug bekommen. Die Warnungen, die ich als Kind erhalten habe, klingen in mir nach. Ich würde mich noch heute niemals auf einen kalten Stein setzen, obwohl ich nicht mehr weiß, was dann passiert. Ich glaube, man fällt dann sofort tot um.

Ich habe mir die Erkältung also gefühlt selbst zuzuschreiben, und entsprechend verhalte ich mich, wenn sie da ist. Ich huste und röchele vor mich hin, aber ich ignoriere sie, ich arbeite weiter.* Ich will nicht auffallen, und ich will nicht ausfallen. Es wird schon gehen.

Die meisten Leute machen es wie ich: Die Mehrheit der Berufstätigen in Deutschland geht krank zur Arbeit, ergeben Umfragen. Oder krank zum Sprachkurs. Neulich wollte ich in der Small-Talk-Übung im Japanisch-Kurs meiner hustenden Mitschülerin gute Besserung wünschen, wusste aber nicht, was das heißt. Unsere Lehrerin überlegte und meinte, auf Japanisch würde man statt «gute Besserung» sagen: «odaijini». «Das bedeutet so viel wie: Nimm dich wichtig!», sagte sie.

Seitdem geht mir das nicht mehr aus dem Kopf. Es hat mich etwas erschüttert. Nimm dich wichtig! Dieser Wunsch ist völlig entgegengesetzt dazu, wie ich und die meisten, die ich kenne,

....

* Es ist kein Corona. Ich gehöre zu den Leuten, die die Schublade immer noch voller Tests haben und sie bei jedem Anlass benutzen, wie ein Ritual.

sich verhalten, wenn wir krank sind. Wir nehmen weiter unsere Arbeit wichtig, den Geschirrspüler, unsere sozialen Verpflichtungen, unser Selbstbild als selbst geölte, zuverlässige Zahnräder. Und vielleicht können wir uns dadurch einreden, wir würden uns selbst wichtig nehmen. Aber einfach nur weitermachen, um nicht unangenehm aufzufallen, ist nicht, sich wichtig nehmen. Es ist wichtig tun: Ich bin unverzichtbar, ich bin stark, ich lasse mich von Erkältungsviren und meinem unbändigen Wunsch nach Wärmflasche und Wolldecke nicht unterkriegen.

Wir haben im Deutschen lauter Ausdrücke dafür, dass wir nicht mögen, wenn Menschen ihre eigenen Bedürfnisse in den Mittelpunkt stellen. Wichtigtuer ist ein Schimpfwort, und niemand möchte sich den Vorwurf anhören, man würde sich wichtigmachen. Aber sich und die Tatsache, dass man gerade nicht mehr kann, wichtig nehmen? Es ist mir im Ohr geblieben, weil es wie eine Erlaubnis klingt: Überleg doch mal, was jetzt wirklich das Richtige für dich ist. Nimm dich ernst.

Bei meiner letzten Erkältung hatte ich nach drei Tagen im Bett das dringende Gefühl, ich müsste nun endlich wieder was für die anderen tun. Ich schleppte mich in die Küche und beschloss, ein Risotto zu kochen. Um meiner Familie, wenn sie nach Hause kam, zu zeigen: Auf mich ist weiter Verlass, ihr seid versorgt. Weil meine Nase so verschnupft war, dass ich nichts riechen konnte, unterlief mir ein Fehler. Statt des eingeweckten Gemüsefonds schüttete ich den gleich aussehenden Vanillesirup ins Risotto.

Auf die Frage meiner Frau, ob sie noch etwas aus der Stadt mitbringen könnte, schrieb ich: Ja, Nasentropfen. Und ein Risotto. Das von mir gekochte musste ich wegkippen. Ich hoffe, in dem Moment habe ich den Unterschied zwischen sich wichtigmachen und sich wichtig nehmen vielleicht endlich ansatzweise begriffen.

Und wie utopisch, wie hoffnungsvoll wäre eine menschliche

Gesellschaft, in der das nicht nur Floskeln, sondern der Standard wäre: anderen vertrauen, andere bitten können, dass sie gut zu einem sind, sich selbst wichtig nehmen, und anderen zu erlauben, dass sie es auch tun.

8. Gegen den Optimismus

Seit gut dreißig Jahren beobachten Wissenschaftler, dass Menschen einen Hang zum Optimismus haben, einen sogenannten «optimism bias». 93 Prozent aller Verkehrsteilnehmer glauben, dass sie überdurchschnittlich gute Fahrer sind. Was natürlich nicht stimmen kann: Nur ein viel kleinerer Teil kann statistisch besser als der Durchschnitt sein. Laut Umfragen rechnen die allermeisten Menschen damit, dass die wirtschaftliche Situation in den nächsten Jahren immer schwieriger werden wird, aber sie glauben zugleich, dass sie und ihre Familie davon nicht entscheidend betroffen sein werden. Menschen neigen dazu, sich selbst die banalsten Ereignisse in leuchtenden Farben auszumalen. Und wenn sie hundert neutrale, positive und negative Ereignisse auswählen müssen, die sie in den nächsten Wochen erwarten, wählen sie in überwältigender Anzahl positive. Wenn sie später gefragt werden, was denn nun wirklich eingetreten ist, stellt sich heraus: zu je einem Drittel positive, negative und neutrale. Über achtzig Prozent der Menschen haben eine optimistische Grundhaltung, fast so viele, wie überdurchschnittlich gut Autofahren können.

Dieses Thema hat mich vor einigen Jahren so interessiert, dass ich die Hirnforscherin Tali Sharot dazu interviewt habe. Sie ist Autorin des Buches «Das optimistische Gehirn – Warum wir nicht anders können, als positiv zu denken». In der Originalausgabe ist der Untertitel noch aussagekräftiger, weil Sharot darin sagt, wie irrational das alles ist: «A Tour of the Irrationally Positive Brain».

«Wir neigen aber nicht zum Optimismus, weil wir alle zu viele Selbsthilfebücher gelesen haben», sagt Tali Sharot, «sondern weil Optimismus so wichtig für unser Überleben als Spezies ist.» Optimismus hat nicht zu unterschätzende evolutionäre Vorteile. Zum Beispiel lässt er uns den Tod vergessen. Der Biologe Ajit Varki von der University of California in San Diego sagt: Dass Menschen sich die Zukunft ausmalen können, macht überhaupt nur Sinn, weil diese Fähigkeit mit übertriebenem Optimismus einhergeht. Denn sonst würden wir die ganze Zeit an unseren Tod denken und hätten keinen Grund mehr, morgens aufzustehen. Ohne angeborenen Optimismus würden wir viele Entscheidungen nicht treffen, die unsere Entwicklung vorantreiben. Wir könnten uns statistisch genauso gut gegen das Heiraten entscheiden, wären beim Autofahren vermutlich ängstlicher und damit unsicherer, und beim Blick auf die Wirtschaftsdaten würden wir unser Geld in die Matratze einnähen. Das System Familie, der Verkehr und die Finanzwirtschaft würden zusammenbrechen.

Im Grunde täuschen wir* uns durch unseren Optimismus die ganze Zeit selbst. Und indem unser Gehirn Selbsttäuschung übt, lernen wir, andere zu täuschen. Wenn wir auf uns selbst stark und unbesiegbar wirken, können wir mit dieser Wirkung auch Feinde beeindrucken und abschrecken. Außerdem ist Optimismus energiesparend: Unser Gehirn macht sich gern so wenig Arbeit wie möglich. Eine pessimistische Weltsicht ist aufwendig: «Das Problem wird sein …», denkt das Gehirn und muss nun eine Vielzahl von möglicherweise auftretenden Problemen durchspielen und Lösungen entwickeln, obwohl es diese am Ende vielleicht gar nicht braucht.

. . . .

* Homo sapiens sapiens.

«Im Moment gehen wir davon aus, dass Optimismus genetisch bedingt, also angeboren ist», hat Sharot damals im Interview gesagt und mir erklärt, wie das im Gehirn funktioniert. Vereinfacht gesagt, sind an optimistischen Empfindungen Hirnregionen beteiligt, die auch für das Verarbeiten von Emotionen und Erinnerungen oder für die Ausschüttung von Belohnungen zuständig sind. Möglicherweise ist das Erinnern sogar in erster Linie eine Übung für «mentale Zeitreisen», also für die Fähigkeit des Gehirns, sich die Zukunft auszumalen. Und je positiver wir uns diese ausmalen, desto mehr belohnt das Gehirn sich selbst.

Ich weiß noch, wie tröstlich ich das fand. Zwar litt ich damals oft an Niedergeschlagenheit und einem allgemeinen Gefühl von Sinnlosigkeit und Überforderung, aber nach meinen Recherchen zum Thema Optimismus und nach dem Interview mit der Hirnforscherin dachte ich: Aber guck mal, ganz tief in dir drin ist angelegt, dass du die Dinge eigentlich positiv sehen willst. Du musst nur tief genug graben, du darfst nicht aufgeben, du musst dich einfach mehr anstrengen, dann wirst auch du deinen Optimismus finden.

Man kann daraus erstens meine etwas toxische Grundhaltung mir selbst gegenüber ablesen (ich hoffe, dass ich mir selbst inzwischen sinn- und liebevoller begegne), zweitens meinen unbedingten Willen, Optimismus als eine Art ultimativen Schatz der Selbstempfindung und Weltsicht zu betrachten.

Dabei war mir damals schon klar, dass viele Expert*innen sagen: Gerade die nachdenkliche Art von «realistischen Pessimisten» führt auf Umwegen zu besseren Ergebnissen als grundsätzlicher Optimismus. Und auch Tali Sharot sagte, mit dem Optimismus sei es wie mit Rotwein: Ein Glas am Tag ist in Ordnung für dich, eine Flasche am Tag kann gefährlich werden. Sie brachte das auf die Formel: «Glaub, dass du ein langes, gesundes Leben führen wirst, aber lass dich regelmäßig durchchecken.»

Dennoch mündete mein Artikel von damals in der Mitteilung, das sei alles so schrecklich vernünftig, und es wäre doch viel schöner, wenn wir noch viel mehr auf unser «irrational positives Gehirn» vertrauen und noch optimistischer in den Tag hineinleben würden.

Das entsprach meinem Selbstbild, von dem ich mich immer noch nicht ganz gelöst habe: Wie gerne wäre ich ein unbesorgter Wird-schon-schiefgehen-Typ, jemand, der andere mitreißt, der Probleme regelt, wenn sie auftreten, statt vorab, im Kopf, an ihnen zu scheitern. Und ich drückte aus, was, glaube ich, von einer bestimmten Art von Zeitschriftenartikel erwartet wird und erwartet wurde: Nachdenklich und abwägend, aber nicht zu tief, nicht zu negativ zu sein. Und was könnte weniger negativ sein, als den menschlichen Optimismus als Tugend und Ressource zu feiern.

Heute befremdet mich das. Vor allem, weil mir klar wird, dass ich vor zehn Jahren, als ich über den «optimism bias» schrieb, übersehen habe, was direkt vor meiner Nase stand: Was für eine Leistung es im Grunde ist, sich gegen den Optimismus-Drang des eigenen Gehirns durchzusetzen und sich Sorgen zu machen.

Aber ist es sinnvoll, sich Sorgen zu machen?

1986, im selben Jahr, als ich gegen meine Atombombenangst demonstrierte, gab der tschechoslowakische Regimekritiker Václav Havel einem Journalisten in Prag ein Interview. Havel war damals fünfzig Jahre alt, Dramatiker und für seinen Widerstand mit Gefängnisstrafen schikanierter Oppositioneller. Der Journalist fragte Havel nach seinen Überzeugungen, und Havel sagte einen Satz, der so was wie sein Vermächtnis geworden ist. Er lautet, in der bekanntesten Fassung: «Hoffnung ist nicht die

Überzeugung, dass etwas gut ausgeht, sondern die Gewissheit, dass etwas Sinn hat, egal wie es ausgeht.»

Zumindest zitiert ihn so die Sparkasse Einbeck auf der Neujahrskarte ihrer Geschäftsführung; der Kirchenkreis Kleve widmet diesem Satz eine Seite im Gemeindebrief; bei der Firma Klebeheld kann man ihn als Wandtattoo bestellen. Es ist eines von diesen Zitaten, die man aus dem Augenwinkel kennt, weil sie immer mal wieder auf Facebook-Kacheln stehen oder in Leitartikeln.

Ich bin darauf gestoßen, als ich über die Abgrenzung von Optimismus und Hoffnung nachgedacht habe. Indem Havel hier über Sinn spricht, gibt er mir, stelle ich fest, so etwas wie einen Kompass. Ich merke, dass ich nicht die Gewissheit habe, ein Verzicht auf Online-Bestellungen wäre sinnvoll. Aber ich habe die Gewissheit, dass umstrittene, aber aufsehenerregende Proteste gegen Klimagleichgültigkeit sinnvoll sind (siehe Kapitel 11). Und Gewissheit heißt nicht, dass ich darüber nicht diskutieren oder streiten würde, dass ich mir unverrückbar sicher bin, dass ich nicht auch viele Menschen mag oder liebe, die das anders sehen. Gewissheit bedeutet, dass meine Überzeugung in diesem Moment dem entspricht, was ich zu wissen glaube.

Es mag sein, dass ich mir dadurch die Worte eines Bürgerrechtlers passend mache, wie man ein Wandtattoo in der richtigen Breite bestellt. Das finde ich aber nicht schlimm. Hoffnung ist kein geschlossenes Weltbild, Hoffnung kommt aus einem großen Baukasten, in dem je nach Mensch die unterschiedlichsten, seltsamsten und womöglich abgenutztesten Dinge sind. Das heißt, ich improvisiere beim Zusammensetzen von Erkenntnissen. Wenn es erst mal hält, gut. Aber Hoffnung ist wie ein niemals endendes Bastelprojekt, es gibt immer was zu tun.

Und tatsächlich ist bei diesem Bastelprojekt womöglich eher Pessimismus als Optimismus die Triebkraft: das Gefühl, es reicht noch nicht, ich kann nicht einfach nur auf so ein gewisses «Wird schon gut gehen!» vertrauen. Im Gegenteil: Weil ich damit rechne, dass es schiefgehen kann, tue ich etwas dafür, dass es gelingt.

In diesem Sinne sind es bei den aktuellen Krisen die Pessimist*innen, die sich gegen das Schlimmste stemmen, die daran arbeiten, die Dinge zu verbessern, statt sie einfach zu ertragen.

9. Beim Hoffen geschummelt

Vor einigen Jahren drückte der Springer-Chef Mathias Döpfner in einer Chat-Nachricht*, die später von der «Zeit» veröffentlicht wurde, auf folgende Weise seinen Optimismus aus: «Umweltpolitik – ich bin sehr für den Klimawandel. Zivilisationsphasen der Wärme waren immer erfolgreicher als solche der Kälte. Wir sollten den Klimawandel nicht bekämpfen, sondern uns darauf einstellen.» Im Übrigen gebe es nichts, was er mehr hasse als Windräder.

Auch der Fernsehmoderator Markus Lanz vertrat einige Jahre später die These, man könnte sich doch auch an den Klimawandel anpassen, und wenn Klimaaktivist*innen besorgt seien etwa über Kunstschätze, dann kenne er in den Dolomiten einige Berggipfel, wo man derlei sicher lagern könnte, kein Meeresspiegel würde so hoch ansteigen.

Es ist nicht ganz einfach, davon abzusehen, dass beide Thesen keinen Gedanken und keine Empathie für die Abermillionen Toten der Klimakrise haben. Aber ich möchte es kurz versuchen. Ich möchte versuchen, in diesen Überlegungen eine Spielart von Hoffnung zu entdecken, die mir selbst nicht völlig fremd ist.

Sie ist eng verwandt mit dem Argument, der Klimawandel

....

* www.spiegel.de/wirtschaft/enthuellungen-um-mathias-doepfner-die-ossis-werden-nie-demokraten sei durch Einschränkungen und Verbote nicht aufzuhalten, und das sei auch gar nicht notwendig, weil die Wissenschaft dabei sei, Technologien zu entwickeln, mit denen man, ein Beispiel, Kohlenstoffdioxid aus der Atmosphäre holen, einlagern, neutralisieren oder sogar nutzen und damit die Erderwärmung aufhalten könnte. Ganz ohne Flugscham, Diesel-Fahrverbote, Veggie-Freitag und Fünf-Euro-Sprit.

Ich frage mich dann, ob ich nicht sehr schnell arrogant werde, indem ich anfange, die Hoffnung anderer Leute zu bewerten wie ein Outfit oder einen Haarschnitt. Ist diese in den drei Beispielen ausgedrückte Haltung nicht auch eine Form von Hoffnung? Und warum soll meine Hoffnung besser sein als die etwa des Aktien-Milliardärs Döpfner, wenn er mit Bezug auf wackelige historische Thesen ja auch nur eine Hoffnung ausdrückt. Nämlich die, es werde schon alles gut gehen, und zwar richtig gut? Warum juckt es mich in den Fingern, mich darüber lustig zu machen, wenn Markus Lanz in der nach ihm benannten Sendung die eigentlich schon kindliche, doch eher rührende Hoffnung ausdrückt, man müsste eben nur auf einen Berg klettern, der hoch genug ist, dann ist man oben in Sicherheit, auch wenn unten Klimakrise ist? Warum kann ich es nicht als legitime Hoffnung werten, wenn Leute sagen «Die Wissenschaft hat festgestellt, festgestellt, festgestellt / dass Coca-Cola Schnaps enthält / Schnaps enthält / Drum trinken wir auf jeder Reise, jeder Reise, jeder Reise / Coca-Cola fässerweise». Es tut mir leid, meine Konzentration lässt nach. Wie immer, wenn Leute einerseits den wissenschaftlichen Konsens ignorieren, dass der Klimawandel unaufhaltsam, aber noch kontrollierbar ist, sofern wir JETZT handeln. Die andererseits aber sagen, die Wissenschaft hat festgestellt, dass wir das alles auch hinkriegen, ohne uns einzuschränken.

Auch das aber ist ja eine Hoffnung. Und gilt nicht auch hier die alte Devise von John Lennon: «Whatever gets you thru the night / is alright, alright»? Darf nur ich mir Hoffnung machen, wenn ich keine mehr habe? Gibt es richtige und falsche Hoffnung?

Na ja, ja. Und ja. Es ist einfach keine Hoffnung mehr, wenn das, was man sich erhofft, auf Kosten anderer geht. Ohne dass man selbst bereit ist, diese Kosten mitzutragen. Ohne selbst etwas beizusteuern. Hoffnung, die auf Kosten anderer geht, ist Kalkül mit konservativem Risiko-Management: Es wird schon irgendwie hinkommen, und mir wird nichts passieren. Also lasst es uns so machen, oder besser gesagt: Also lasst uns nichts machen.

Ich denke, dass zum Beispiel die prominenten Menschen, die 2022 verschiedene offene Briefe schrieben und unterzeichneten, in denen sie die Ukraine zu Friedensverhandlungen mit Russland aufforderten, diese Briefe als Zeichnung der Hoffnung sahen: Hoffnung auf Frieden. Aber was kann das für eine Hoffnung sein, zu der man selbst nichts beiträgt? Wenn man sich nur darauf verlässt, dass «die Wissenschaft» und «die Wirtschaft» oder «die Diplomatie» schon eine Lösung finden werden, dann ist das keine Hoffnung, sondern einfach Bequemlichkeit. Wenn man andere auffordert, einen hohen Preis zu zahlen, damit man selbst kostenlos auf Frieden hoffen kann, dann ist das billig und durchsichtig. Selbst eine leere Geste wäre besser. Für den Frieden blinken oder so was, wie 2005 beim Irak-Krieg, als einmal in Hamburg eine Auto-Demo stattfand, wo das ein Zeichen für den Frieden sein sollte, Blinken. Blinken für den Frieden geht wenigstens nicht auf Kosten von anderen. Aber Opfer aufzufordern, sich mit den Tätern auf einen Kompromiss zu einigen, damit man endlich wieder seine Ruhe hat? Das ist beim Hoffen schummeln.

Ich komme immer wieder darauf zurück, dass zum Hoffen

die Handlung gehört. Dass aber aus einer fast unsichtbaren, ganz kleinen Handlung Hoffnung entsteht, gelingt, denke ich, bestenfalls im Privaten. Wenn zum Beispiel ein gottloses Gebet dazu führt, dass die gottlose Person sich weniger allein und fast ein bisschen getröstet fühlt. Aber im öffentlichen Diskurs und im Kampf gegen die Klimakrise ist es was anderes, da können die Handlungen auch zu klein und zu billig werden. Andere auffordern, sie sollten sich doch jetzt mal abfinden mit der Realität, angegriffen worden zu sein: Das ist kein Ausdruck von Hoffnung auf Frieden, sondern eine Absage an die Hoffnung. Andere auffordern, sie sollten doch jetzt mal ihre Proteste unterlassen und ihre Energiewende, weil die Wissenschaft und die Wirtschaft das CO_2 schon irgendwie aus der Atmosphäre holen werden, ohne dass wir alle Sojaschnitzel essen müssen: Das ist kein Ausdruck von Hoffnung, das ist Resignation und Verdrängung auf Kosten anderer.

Oben habe ich gesagt, dass ich diese Klimawandel-wird-schon-gut-gehen-Einstellung mir mal als scheinbaren Ausdruck von Hoffnung anschauen möchte, ohne darauf herumzureiten, dass die Verursacher solcher Gedanken über den Tod und das Elend von Hunderter Millionen Klima-Opfer hinweggehen.[*] Ich möchte jetzt noch einmal darauf zurückkommen, weil ich befürchte, dass gerade in der von Döpfner beispielhaft aus-

....

[*] Klimaaktivist*innen sprechen von MAPA, was erst mal umständlich und abschreckend klingt wie viele politische Abkürzungen. Bis einem klar wird, dass man erst dann eine Abkürzung für Gruppen oder Phänomene braucht, wenn man so oft von und mit ihnen spricht, dass die vollständige Bezeichnung auf die Dauer zeitraubend wäre. Während alle, die die Abkürzung nicht brauchen, sich bisher womöglich gar nicht die Mühe gemacht haben, über das, was die Abkürzung bezeichnet, nachzudenken oder es anzuerkennen. MAPA jedenfalls steht für alle, die in den Überlegungen vieler gar nicht vorkommen: «most affected people and areas», die am stärksten betroffenen Menschen und Gebiete.

gedrückten und gar nicht so seltenen Haltung diese Opfer nicht übersehen, sondern begrüßt werden.

Die US-amerikanische Journalistin und Historikerin Isabel Wilkerson beschreibt in ihrem Buch «Kaste – Die Ursprünge unseres Unbehagens» die Ähnlichkeiten zwischen dem traditionellen indischen Kastensystem, dem anti-Schwarzen Rassismus im Süden der Vereinigten Staaten während und nach der Zeit der Sklaverei und der systematischen Judenverfolgung in Deutschland nach 1933. Sie benutzt dabei das Wort «Kaste», um zu zeigen, wie Gesellschaften Menschen in unterlegene und überlegene Gruppen einteilen, damit die überlegenen Gruppen auf Kosten der unterlegenen Gruppe an der Macht bleiben können. Sie analysiert, wie Menschen ihre überlegene Kastenzugehörigkeit immer wichtiger ist als alles andere, und dass sie ihre Zugehörigkeit zur überlegenen Kaste auch gegen die eigenen sonstigen Interessen verteidigen werden. Als Beispiel nennt sie etwa das Wahlverhalten armer, weißer US-Amerikaner*innen. Obwohl es gegen ihre unmittelbaren wirtschaftlichen Interessen ging, obwohl sie dadurch unter Umständen ihre Krankenversicherung und soziale Sicherheit verloren, stimmten sie mit überwiegender Mehrheit für Donald Trump. Der ihnen ganz offen das Versprechen machte, ihre (weiße) Kaste zu stärken, auf Kosten der unterlegenen (Schwarzen) Kaste. Die weißen Wähler hatten hiervon keinen unmittelbaren Vorteil, die Schwarzen nur Nachteile: Polizeigewalt, vom Präsidenten tolerierte oder befeuerte rassistische und neonazistische Gewaltaktionen, die Abwertung von allem, wofür der Schwarze Präsident Barack Obama gestanden und was er, auch im Namen der Schwarzen, erreicht hatte. Menschen, so schreibt Wilkerson, würden immer ihre Kastenzugehörigkeit über alles stellen, vor allem in Krisenzeiten.

Die Döpfners und alle, die den Klimawandel begrüßen oder geschehen lassen wollen, tun nichts anderes. Sie sind nicht in erster Linie nur technologieverliebte Zukunftsgläubige, sondern sie haben einfach begriffen, dass der Klimawandel ganz unmittelbar auf Kosten von Menschen geht und weiter gehen wird, die sie als Mitglieder untergeordneter Kasten wahrnehmen. Menschen in den Küstenregionen der Dritten Welt, Menschen in den Dürreregionen Afrikas, Menschen, die für Mindestlöhne in der Landwirtschaft arbeiten. Alles Menschen, die zu Gruppen gehören, über die sich die Kaste der Döpfners erhoben hat und weiter erheben will. Kein Wunder, dass sie den Klimawandel begrüßen: Er kommt ihnen gerade recht, in ihrer düsteren Hoffnung, dass für sie alles immer so bleibt, wie es ist, auch wenn für die anderen die Welt untergeht.*

Anfangs habe ich gesagt, ich müsste ja jetzt nicht extra aufzählen, wie schlimm alles ist. Aber eine Aufzählung möchte ich jetzt doch zitieren. «Was passiert, wenn wir dieses Spiel so weitertreiben, davon gibt die Wissenschaft uns eine düstere Zukunftsvision», schreibt die Psychologin und Klimaaktivistin Katharina van Bronswijk in ihrem Buch «Klima im Kopf – Angst, Wut, Hoffnung: Was die ökologische Krise mit uns macht», und weiter:

500 000 Arten werden bereits jetzt als «dead species walking» bezeichnet; Ernten fallen aus, weil es zu trocken ist; Nahrungsmittel und Wasser werden knapp; immer mehr Wälder brennen ab; Trockenheit wird abgelöst von Starkregen mit Überflutungen; das Meer reicht bis nach Hamburg; wir leiden in den Hitzewellen des Sommers, und alte Menschen sterben daran; Nationen führen Ressourcenkriege um

....

* Zum gleichen Phänomen gehören die Landaufkäufe der Superreichen in Neuseeland, ihre Sicherheitsbunker in den Wüsten von Nevada und Arizona, ihre Pläne vom Aufbruch zum Mars.

Nahrung, Wasser und Rohstoffe; Menschen müssen weltweit aus nicht mehr bewohnbaren Gegenden fliehen; Pandemien nehmen zu, weil Wildtiere, von denen Erreger übertragen werden, sich kaum noch vom Menschen fernhalten können. Es übersteigt unsere Vorstellungskraft!

Den letzten Satz habe ich im Zitat gelassen, um zu signalisieren, dass die Aufzählung hier erst mal vorbei ist. Ehrlich gesagt übersteigt es nicht meine Vorstellungskraft, denn die Hälfte davon liest sich bereits wie eine nüchterne Beschreibung einiger Sommer in Deutschland im 21. Jahrhundert. Was dann aber für einen Moment eben doch meine Vorstellungskraft übersteigt: wenn ich bei van Bronswijk in der Fußnote lese, dass ihr Absatz auf Einschätzungen des Umweltbundesamtes beruht. Also, sie zitiert im Grunde von der Webseite einer Behörde, die der Regierung untersteht, die sich nicht an ihre vertraglich festgeschriebenen Klimaziele hält. Eigentlich möchte ich mich irgendwo festkleben.

Aber ich zitiere das, weil ich an einer Sache in ihrer Aufzählung hängen bleibe, mein Blick kehrt immer wieder dahin zurück: Das Meer reicht bis nach Hamburg. Es klingt eigentlich, Moment, lasst mich ausreden, es klingt eigentlich sehr schön. Gut, es werden große Kohlanbauflächen in Dithmarschen verloren gehen, und die Reetdächer der Sylter-Häuser von Springer-Managern werden von der Nordsee davongetragen, der Rest der Insel auch. Ich weiß nicht, was mit meinen Cousinen in Esbjerg sein wird, direkt an der Nordsee, aber na ja, Jütland ist dünn besiedelt, sie können wohl ins Landesinnere ausweichen. Und ich hätte das Meer direkt vor der Haustür, endlich die beiden Orte auf der Welt, an denen ich am glücklichsten bin, in direkter Nachbarschaft: meine Haustür und das Meer.

Mir ist klar, wie absurd dieser Gedanke ist und dass «Hamburg liegt am Meer» ein beispiellos großes Ausmaß von Verwüstung voraussetzt. Aber ich kann mir nur ausmalen, dass die Welt der Klimawandel-Optimist*innen tatsächlich so aussieht: sich auf das Positive konzentrieren, im Blick behalten, was für einen selbst gut an den Veränderungen ist, und zur Hölle mit den anderen.

Früher, ich sage es ehrlich, waren die Hamburger Herbstferien alle paar Jahre unbrauchbar. Weil sie dann in der zweiten Oktoberhälfte stattfanden. In der ersten Oktoberhälfte kann man noch nach Süditalien fliegen, nach Andalusien, oder nach Mallorca. In der zweiten ging das, als die Kinder klein waren, nicht mehr. Wir haben es einmal ausprobiert, aber nicht nur war alles geschlossen, vor allem regnete es fast die ganze Zeit, und es waren so acht bis zehn Grad. Na ja, sagten die Einheimischen, ab Mitte Oktober ist das immer so.

Inzwischen aber hat sich das geändert. Die warme Jahreszeit ist länger geworden, das Wetter auf Mallorca ist auch in der zweiten Oktoberhälfte noch mild, tagsüber sogar manchmal richtig heiß. Man kann am Strand liegen, und das Mittelmeer ist sowieso noch warm vom Sommer. Nur abends braucht man eine leichte Jacke oder einen Pulli, weil schon Herbst in der Luft liegt, und Weltuntergang.

10. Die Post aus Tunis

Das Ding mit Federn hat mich dazu gebracht, über die Dichterin Emily Dickinson nachzudenken, die ich im 2. Kapitel zitiert habe. Während meines Grundstudiums der Amerikanistik saßen wir im Einführungskurs Literatur immer über einer über zweitausendseitigen Anthologie der gesamten nordamerikanischen Besiedlungsliteratur, vom Puritanismus im frühen 17. Jahrhundert bis zur literarischen Postmoderne in den Siebziger- und Achtzigerjahren des 20. Jahrhunderts.

Vieles liebte ich, vieles fand ich aber auch außerordentlich langweilig, anstrengend oder abschreckend: die selbstquälerischen Tagebucheinträge der Gott anhimmelnden Puritaner, die unkonkreten Gefühlstexte der Transzendentalisten, die leistungssportähnlichen Sprachspiele einiger Modernisten. Wenn so was dran war, notierte ich mir das Nötigste und blätterte dann zu den Gedichten, die Emily Dickinson im Haus ihrer Familie und später wohl überwiegend in ihrem Schlafzimmer, in ihrem weißen Hauskleid geschrieben hat. Der Vorteil ihrer Gedichte ist, dass sie oft recht kurz, meist sehr anschaulich, immer mit einem Teil Geheimnis sind. Das heißt, wenn ich ehrlich bin: Sie sind unterhaltsam.[*] Vor allem aber sind sie voller Hoffnung.

. . . .

[*] Die von Alena Smith konzipierte und zu einem großen Teil auch geschriebene und inszenierte Fernsehserie «Dickinson» mit Hailee Steinfeld als

Ich habe das damals unbewusst so empfunden. Ich habe nordamerikanische Literatur gern studiert, aber ich habe mich trotzdem oft sehr unwohl gefühlt im Studium. Weniger fleißig und gebildet als die anderen, weniger engagiert.

Vom ersten bis zum letzten Semester wurde ich von einer Sprachangst ergriffen, die mich daran hinderte, jemals in einem Seminar auch nur ein einziges Wort zu sagen, außerhalb der geforderten Referate. Es war und ist mir rätselhaft: Ich hatte bereits eine Journalistenausbildung gemacht, eine Zeit lang arbeitete ich parallel zum sprachlosen Studium als freier Rundfunkjournalist, mit Schichten als Ü-Wagen-Reporter. Ich stand also von fünf bis neun Uhr morgens an verschiedenen Stellen der Stadt und führte Live-Interviews mit Kommunalpolitiker*innen, auf die ich mich am Abend zuvor mehr schlecht als recht vorbereitet hatte. Aber wenn ich um zehn in einem Proseminar über ein Thema saß, das mich mehr interessierte als alles andere, konnte ich nichts sagen. Ich betrachtete alles wie durch eine Glasglocke (Sylvia Plath, «Norton Anthology» ab S. 2593). Wenn ich wirklich gar nicht mehr anders konnte und wusste, ich <u>muss</u> jetzt etwas sagen, es geht einfach nicht, dass alle, die hier diskutieren, nicht begreifen, warum Gore Vidal in seinem Roman «Lincoln» diese Erzählperspektive gewählt hat – dann wurde mir das so dringlich und so wichtig und so groß, dass ich anfing zu zittern. Ich war dann nicht zu verstehen, wenn ich sprach, weil ich keine Luft mehr bekam vor Herzrasen. Ein Professor nickte mitleidig und tat so, als hätte er mir zuhören können. Ich senkte den Kopf. Es war eine Zeit von Isolation, Überforderung und Sprachlosigkeit. Und vor allem der Scham. Es war mir schrecklich unangenehm, so unzulänglich zu sein.

. . . .

Emily Dickinson funktioniert so gut, weil sich Aspekte von Dickinsons Leben schön ausschmücken und fiktionalisieren lassen. Und weil in Dickinsons Gedichten so viel Drama mitschwingt.

Und auch deshalb zogen mich die Gedichte von Emily Dickinson so an. In der «Norton Anthology of American Literature» sind sehr viele sehr kraftvolle, sehr auftrumpfende Texte, denen sehr viele sehr düstere, sehr quälende gegenüberstehen. Dickinsons Gedichte gehören zu keiner dieser beiden Gruppen. Sie sind voller Schmerz und Angst, aber eben auch Hoffnung. Das hätte ich damals nicht so gesagt, aber es war dieses Gefühl, was ich gesucht habe, wenn ich mich sprachlos zu ihnen hinblätterte: Ich suchte Zuflucht, aber einen Zufluchtsort, von dem aus was zu sehen ist, eine Perspektive.

Während des Studiums begann ich eine Fernbeziehung, die vielleicht brutalste Hoffnungs-Höllenmaschine, die es gibt. Weil man immer in der Schleife bleibt: Hoffentlich vergisst sie mich nicht, hoffentlich denkt sie an mich, hoffentlich sehen wir uns bald, hoffentlich ist heute ein Brief von ihr da, hoffentlich klappt das mit dem Flug, hoffentlich gehen die drei Wochen nicht so schnell um, hoffentlich, hoffentlich, hoffentlich. Einmal besuchte ich A. im November 1995 an ihrer Uni, Smith College in Northampton, Massachusetts. Wo auch Sylvia Plath studiert hat, Glasglocke, siehe oben. Und ganz in der Nähe ist Amherst, die Kleinstadt, in der Emily Dickinson vor hundertfünfzig Jahren gelebt hat und wo man das Haus mit ihrem Zimmer sehen kann. Ich glaube, A. war etwas überrascht, wie enthusiastisch ich war, das Dickinson-Haus zu besichtigen. Im von ihrer Mitbewohnerin geliehenen goldenen Honda Accord fuhren wir durch den Novemberschnee in den Nachbarort.

Für den Laien, also mich, sehen alle zu besichtigenden Häuser berühmter Personen des neunzehnten Jahrhunderts eher gleich als verschieden aus. Viele Antiquitäten, knarrende Treppenstufen. Und schmucklose alte Holzhäuser wie das der Dickinsons stehen in Massachusetts allerorten. Aber als die Führung unserer kleinen Gruppe im ersten Stockwerk Dickinsons Schlafzimmer betrat, verschlug es mir die Sprache. Auf einem hölzernen Kleiderständer hing das weiße Hauskleid von Dickinson.

Etwas an der unmittelbaren Körperlichkeit eines Kleidungsstücks ist rührender als jedes Foto. Es ging mir schon einmal so, als ich die US-Militäruniform von Marlene Dietrich im Museum sah. Hinter jedem Kleidungsstück verbergen sich, ob man will oder nicht, sehr viele Entscheidungen, und zugleich ist das Kleidungsstück eine so unmittelbare Spur des Menschen, der es getragen hat, wie ein Geruch oder das Nachgefühl eines Händedrucks, einer Umarmung. Dietrichs Uniform also, Artefakt der Entscheidung, Deutschland wegen der Nazis und aus Solidarität mit ihren jüdischen Regisseuren zu verlassen. Artefakt der Entscheidung, sich aktiv am Niedergang Nazi-Deutschlands zu beteiligen, offen, buchstäblich Flagge zeigend. Und Dickinsons weißes Hauskleid, halb Nachthemd, halb Kittel, Artefakt der Entscheidung, ein Haus, ein Zimmer, ein Gedicht eigentlich nie wieder verlassen zu wollen.

Die Kustodin erzählte, dass Dickinson entgegen der Mythen ihr Bett und ihr Schlafzimmer natürlich sehr wohl verlassen und sich in der Umgebung des Hauses bewegt habe, auch später, und dass sie rege am Familienleben teilgenommen habe. Und dass aber ihre Gedichte wohl ausschließlich in diesem Zimmer und sehr viele in diesem Hauskleid entstanden seien. Etwa, und hier deklamierte sie nun, in Zimmerlautstärke und im normalen Gesprächston, folgendes Gedicht von Emily Dickinson, vor dem Kleiderständer:

A Route of Evanescence,
With a revolving Wheel –
A Resonance of Emerald
A Rush of Cochineal –
And every Blossom on the Bush

Adjusts it's* tumbled Head –
The Mail from Tunis – probably,
An easy Morning's Ride

Auf Deutsch etwa:

Eine Runde von Vergänglichkeit,
Mit einem kreisenden Rad –
Ein Widerhall von Smaragdgrün –
Ein Rausch von Scharlachrot –
Und jede Blüte am Gebüsch
Justiert ihr gesenktes Haupt –
Die Post aus Tunis – womöglich,
Eines leichten Morgens Ritt –

Es sei, sagte die Kustodin, eines der bekanntesten Gedichte von Dickinson, ihre Ode an den Kolibri, den sie aber in diesen Breiten nie gesehen und nur aus Beschreibungen oder von Stichen gekannt hätte.

Meine Freundin drückte meine Hand, weil mir beim Gedicht die Tränen gekommen waren. Ich weine durchaus schon bei der alten Merci-Werbung (oder wenn mir jemand Merci-Schokolade schenkt statt Lindt), aber in diesem Fall war es eine tiefe Erschütterung. Es war das erste Mal, dass ich eines meiner größten Hoffnungsgedichte außerhalb meines eigenen Kopfes gehört hatte. Plötzlich wurde mir körperlich klar (durchs Hören, durch die Tränen), dass ich mit meinem Gefühl der Isolation und Unzulänglichkeit und meiner Suche nach Trost und

....

* Es ist klar, dass hier der Genitiv «its» gemeint ist, aber es ist üblich, die zu Dickinsons Lebzeiten nie veröffentlichten und daher auch nicht korrigierten Gedichte in der Form wiederzugeben, wie sie in ihrer Handschrift zu lesen sind.

Hoffnung nicht allein war, sondern seit Jahrzehnten und Jahrhunderten in großer, unüberschaubarer, bester Gesellschaft.

«Das war so süß», sagte meine Freundin später.

Ich wollte ihr erklären, warum mich das Gedicht so rührte, aber ich konnte es nicht, und weil wir beide Kulturwissenschaften studierten, sie Kunstgeschichte, ich amerikanische Literaturwissenschaft, versuchte ich, meine Rührung aus dem Text herzuleiten.

«Dieser eine Vers», sagte ich, «the mail from Tunis –», und weiter kam ich nicht, ich hatte einen dicken Kloß im Hals. Sie drückte meine Hand noch mal. Draußen war es schon dunkel.

The mail from Tunis. Ich glaube, es steht sogar in der Norton-Anthology in einer Fußnote, dass das Gedicht einen Kolibri beschreibt: seine Flügel, die so schnell schlagen, dass sie wie ein smaragdgrünes Rad erscheinen, das scharlachrote Durchrauschen seiner Bewegungen, und wie die Blüten sich seinem Schnabel zuzuneigen scheinen. Sehr bildhaft. Abstrakt ist nur der erste Vers, in dem das Erscheinen und Verschwinden des Kolibris zum Bild für Vergänglichkeit wird: A Route of Evanescence. Weil man den Weg des Vogels durch die Blüten eigentlich nur durch die Bewegung ihrer Köpfe, vielleicht ihr Nachfedern, erkennt. Der Vogel ist schon wieder weg. So weit, so gut: ein liebevoll, kunstvoll, anschaulich mit Worten ausgemalter kleiner Vogel (wieder das Ding mit Federn).

Aber dann kommt ganz unvermittelt dieser eine Vers, ein unvollständiger Satz, mehr und zugleich weniger als ein Vergleich: The mail from Tunis.

Kolibris haben keine spezifische Verbindung mit Tunesien und der tunesischen Hauptstadt. Dickinson auch nicht. Eine literaturwissenschaftliche These lautet, es sein ein kleines Shakespeare-Zitat. Angeregt durch die Figur der Claribella in «Der Sturm», über die Antonio sagt: «She that is queen of

Tunis; she that dwells / Ten leagues beyond man's life. She that from Naples / Can have no note, unless the sun were post –». In der Wieland-Übersetzung: «Sie, welche Königin von Tunis ist; sie, die zehn Meilen hinter einem Menschenalter wohnt, sie die von Neapel nicht eher eine Nachricht haben kann, (es wäre denn daß die Sonne der Postillon seyn wollte, der Mann im Mond wäre zu langsam) bis neugeborne Kinne bärtig worden sind …». Ich habe noch etwas mehr zitiert, weil dann klar wird, dass es bei Shakespeare schon auch um Post geht, um die Frage, ob eine Thronerbin denn schon über ihr Erbe informiert worden ist. Tunis als etwas Unerreichbares, weit Entferntes, Sagenhaftes. Nur dass bei Dickinson die Post eben nicht nach Tunis geht, sondern aus Tunis kommt.

Ich merke, dass die Erklärungsthese mir nicht die Freude am Gedicht verdirbt, denn für mich bleibt das buchstäblich rührende Moment der Überraschung und der Willkür, wenn plötzlich der Vers «Die Post aus Tunis – womöglich» im Gedicht und in der Welt steht. Also, wie Dickinson hier aus der nachvollziehbaren Mechanik der metaphorischen Beschreibung eines natürlichen Phänomens ausbricht und von einer Zeile auf die nächste frei assoziiert. In diesem poetischen Moment entsteht etwas, das viel größer und unkontrollierbarer ist als das Bild eines Vogels. Eine Welt geht auf, oder, um eine Metapher wiederzuverwenden: ein Fenster geht auf.

Was für Post kommt aus Tunis? Vielleicht etwas, worauf die Person, die spricht, die Vogelbeobachterin, gewartet hat. Oder etwas, das sie überrascht. Etwas, das es nicht gibt. So oder so etwas, das ihre Welt öffnet.

Das Gefühl, wenn Hoffnung entsteht, wenn man sich Hoffnung machen kann, wenn man merkt, dass man wieder Hoffnung hat: Der nächstliegende und beste Vergleich ist für mich der vom Fenster, das sich öffnet. Frische Luft, frisches Licht. Und hoffnungsvolle Kunst ist die, bei der das passiert. Du sitzt da und denkst, du hast intellektuell alles unter Kontrolle, aber dann rauscht die Post aus Tunis dazwischen.

Wenn ich Musik, Filme, Fernsehserien, Literatur nicht mag oder richtig hasse, dann, weil kein Fenster aufgeht, weil keine Post aus Tunis kommt. Weil genau das wiederholt und noch mal ausgekaut wird, was man immer schon wusste und eigentlich längst ändern wollte. Weil immer die gleiche verbrauchte Luft aus dem kleiner werdenden Raum weggeatmet wird. Es geht immer nur alles zu und nicht auf, die Kräfte wirken nach innen, nicht nach außen, es geht um Selbstbestätigung, nicht Selbstermächtigung.

Und für den Fall, dass mir oder einem ihrer anderen für sie irrealen, bestenfalls nachgeborenen Leser*innen das zu vage und zu wenig sein sollte mit der Post aus Tunis, fällt Emily Dickinson noch etwas anderes ein, weniger ein Bild, mehr eine Mitteilung, die aus dem Versmaß läuft wie leichtes Hufeklappern: «An easy Morning's Ride». Der Ausritt oder die Ausfahrt an einem unbeschwerten Morgen ist ein Kontrast zur Post aus Tunis, aber zugleich eine Variation davon. Die Post aus Tunis war literarisch, ein dazugeträumtes Bild, die Ausfahrt am Morgen aber ist etwas, was der Dichterin und ihren Zeitgenoss*innen vertraut war wie uns eine kleine Fahrradtour oder vor ein paar Jahren der Lockdown-Spaziergang. Für mich als Leser bleibt unklar, ob der Ausritt so offen und sehnsuchtsvoll wird wie die Post aus Tunis, weil der Morgen von sich aus so leicht und unbeschwert ist, oder ob der Morgen unbeschwert ist, easy, weil man einen Ausritt macht.

Ich mag beides, aber zurzeit bin ich in einer Stimmung, wo ich denke: Man muss der Hoffnung schon auch die Gelegenheit geben, sich zu entfalten. Die Blüten sich dem eigenen Schnabel zuwenden lassen. Lieber losreiten und nicht wissen, was passiert, als nicht loszureiten und zu wissen: dann passiert auch nichts.

Einige Wochen, nachdem ich dieses Kapitel geschrieben habe, besuchen wir die Tante meiner Frau in Kalifornien. Es ist das dritte Mal in den vierundzwanzig Jahren, die wir zusammen sind. Zehn Minuten hinter Tante Helmys Haus ist man in den Bergen, bei unserem ersten Besuch 2006 haben wir einen Berglöwen gesehen und vor allem er uns. Vor Helmys Küchenfenster hängt ein Kolibri-Feeder, ein Behälter mit Zuckerwasser, das die Vögel aufsaugen, indem sie ihre Schnäbel in die Öffnung kleiner Plastikblüten stecken. Es gibt einen Ring rund um den Behälter, damit sie sich setzen können.

Das Scharlachrot haben die Vögel auf der Brust, den Hauch von Smaragd sehe ich nicht, während mein Frühstück kalt wird. Obwohl ich tief in der Lebensmitte bin, neige ich zu einer Art magischen Denkens, oder weil. Ich sehe Zeichen in meiner Umgebung, wenn ich es möchte. Die Kolibris sind für mich Grüße von Emily Dickinson, ihnen zuzuschauen, kommt mir vor wie eine kleine Andacht vorm Altar der Poesie, während die Pancakes hart werden.

Nach einer Weile fragte ich Helmy, ob sie die Vögel unterscheiden kann. Ob das immer der gleiche ist, oder eine ganze Familie oder so.

«Das sind zwei», sagte sie. «Der eine bleibt immer in der Luft und ist nur ganz kurz da, der andere setzt sich in Ruhe hin.»

Ich erlebte hier also live die Dinger mit Federn aus dem anderen Gedicht von Emily Dickinson. Die eine Hoffnung vertraut und lässt sich Zeit, sie setzt sich hin und bleibt. Die andere kommt nur kurz reingerauscht, bleibt die ganze Zeit in Bewegung und schwirrt dann wieder ab.

Die zweite ist wie meine Hoffnung. Schön, aber selten. Und dafür gibt es dieses Zitat aus einem Gedicht von Hilde Domin, die zwar von «dem Wunder» spricht, aber ich denke, wir meinen dasselbe, denn jede Hoffnung, deren Herstellung einem gelungen ist, ist überraschend und unausweichlich zugleich wie ein Wunder. Hilde Domin schreibt in ihrem Gedicht mit dem Titel «Nicht müde werden»: «Nicht müde werden / sondern dem Wunder / leise / wie einem Vogel / die Hand hinhalten».

Nicht müde werden. Aber was, wenn doch? Ich bin so oft müde. Entweder weil ich zu viel getan und gemacht habe. Oder weil ich zu wenig getan und gemacht habe. Manchmal ist es besser, liegen zu bleiben, manchmal, aufzustehen. Ich wünschte, ich könnte das unterscheiden. Meistens kann ich es nicht.

Nicht müde werden. Aber manchmal kann ich der Versuchung nicht widerstehen, mich tagsüber wieder hinzulegen. Weniger oft als früher.* Aber bestimmt noch ein- oder zweimal in der Woche. Ich nenne es Mittagsschlaf. Ich nenne es in Ruhe lesen. Damit beschummele ich mich selbst, denn zwar ist immer irgendwo auf der Welt Mittag, aber eben nicht bei mir in Hamburg-Altona, wenn ich mich morgens um neun oder nachmittags um fünf «kurz hinlege» und dann für zwei Stunden wegdämmere. Und ich weiß ja, dass ich im Liegen höchstens eine Buchseite lesen kann, und dann muss sie schon sehr gut sein. Aber ich mag nicht zugeben, dass ich einfach die Augen zumachen und für eine Weile meine Ruhe haben will, zu einer Zeit, in der andere Erwachsene verantwortungsvoll ihren Alltagsgeschäften nachgehen.

Zu Pandemiezeiten wurde dieses Sich-wieder-Hinlegen an so vielen Tagen meine Hauptbeschäftigung, dass ich mir eine kompliziert aufzubringende Überdecke anschaffte. Um das Bett nach dem Aufstehen zu machen und es sozusagen durch eine Schutzschicht vor meinem Hinlegeimpuls zu schützen. Und mich dadurch anzuregen, in der Senkrechten zu bleiben.

. . . .

* Vor zwei Jahren habe ich eigentlich ein ganzes Buch übers Sich-tagsüber-Hinlegen geschrieben: «Bin ich schon depressiv, oder ist das noch das Leben?», Rowohlt 2021.

Nun, ein paar Jahre später, lege ich mich vorsichtig auf die Überdecke, es ist etwas zwischen Kurz-Hinlegen und Papa-geht-wieder-ins-Bett.

Seitdem habe ich mir auch angewöhnt, bevor ich mich hinlege, beide Fenster im Schlafzimmer aufzumachen. Eines ist eigentlich sowieso immer offen, aber wenn man zwei hat, kann man zu jeder Tages- und Jahreszeit einen leichten Durchzug herstellen. Und die Geräusche der Außenwelt kommen dann aus zwei Kanälen. Das führt dazu, dass ich, während ich wegdöse, weiter mit zumindest zwei Sinnen an der Welt teilnehme. Ich spüre ihren Wind auf der Haut und höre, wie sie klingt. Die wenigen Vögel im Hinterhof, das entfernte, aber deutliche Murmeln der Autos auf der A7, das Rumpeln der Container und das Piepen der Kräne vom Hafen. Ich weiß dann, dass ich zwar eine Pause mache, aber dass ich immer noch in der Welt bin. Es fühlt sich dann an, als würde ich Kraft sammeln, statt mich einfach nur zu verkriechen.

Manchmal, wenn mich die Push-Nachrichten auf dem Telefon über neue Klima-Erkenntnisse, fortschreitende Kriege oder weitere Seuchen informieren, merke ich, wie mir die Hoffnung auszugehen droht. Als wäre sie ein Stück Seife, das irgendwann einfach aufgebraucht ist. Das macht mir Angst, weil ich mich vor der Resignation fürchte: der Gleichgültigkeit, ob es noch besser werden kann. Inzwischen versuche ich mir dann zu sagen: Nein, du resignierst nicht, du machst eine Hoffnungspause. Du legst dich nur vorsichtig auf die Tagesdecke. Um Kraft zu sammeln. Dafür, der Hoffnung wieder leise die Hand hinzuhalten.

11. Hier stehen, da sitzen

Apropos, das deutliche Murmeln der Autos von der A7, auch bekannt als Verkehrslärm. Wir fahren ins Osterwochenende, Richtung Ostsee. Mit dem Auto, weil unser Ziel mit Bus und Bahn kaum zu erreichen ist. Und weil wir viel Gepäck dabeihaben und bequem sind. Und weil wir ein Auto besitzen. Es ist dreizehn Jahre alt, und wenn wir darüber reden, sagen wir, es ist «unser letztes», «wir fahren es, bis es auseinanderfällt». Es ist ein Gedanke, der uns heroischer und wahrhaftiger erscheint, als er ist.

Als Benzin im Frühjahr 2022 außerordentlich teuer wurde, fing ich an, auf der Autobahn nur noch Strich hundert zu fahren. Man kommt ungefähr zehn Minuten später an, aber das Auto verbraucht ein Fünftel weniger Benzin. Es ist absurd, dass erst der russische Angriff auf die Ukraine mich auf diese Idee gebracht hat, und der Wunsch, möglichst wenig mit Christian Lindners Tankrabatt zu tun haben zu wollen. Jedenfalls trägt es dazu bei, dass ich ohne sehr schlechtes Gewissen Auto fahre. Schau mal, wie sparsam du bist!, sage ich mir selbst.

Wir fahren also auf die Autobahn, und auf der Gegenfahrbahn ist ein Stau. In mir passiert, was immer passiert, wenn ich in entgegengesetzter Richtung an einem Stau vorbeifahre: Ich spüre eine Mischung aus Mitgefühl, Erleichterung und Triumph. Der zweite Anteil überwiegt, er lappt in Schadenfreude. Es ist ja nicht mein Verdienst, dass in meiner Fahrtrichtung die

Straße frei ist, im Gegenteil: Ich tue alles, was ich kann, damit es nicht so ist. Ich fahre, mehr kann ich nicht tun, um den Verkehr zu verschlimmern. Dennoch fühlt es sich immer so an, als hätte ich irgendwas besser gemacht als die armen Leute auf der Gegenfahrbahn. Was fahren sie auch in die falsche Richtung! Also, was stehen sie in die falsche Richtung.

Je länger der Stau auf der anderen Seite der Autobahn wird, desto größer wird die Erleichterung. Man weiß ja, nach fünf, zehn, zwanzig Kilometern dauert das stundenlang, bis man hinten wieder in Bewegung ist, selbst wenn es vorne endlich weitergeht. Das geht für die Leute alles von ihrem Wochenende ab.

Genau wie wir hatten sie, als sie losfuhren, diese magische Timeline im Kopf: Gegen soundso viel Uhr kommen wir an, dann packen wir aus, dann machen wir einen kleinen Spaziergang, dann schaffen wir es noch in das und das Restaurant, und dann leg ich mich schön ein Stündchen aufs Ohr, bevor Soundso kommt. Das ist jetzt alles im Arsch, das können sie über den Haufen werfen.

Wir fahren weiter, Strich hundert, die da drüber Strich null, und die Erleichterung und das Gefühl, alles richtig gemacht zu haben, erfüllen mich wie Genugtuung über eine eigene Leistung.

Später telefoniere ich mit meinem Onkel, der die häufigste Frage der zweiten Lebenshälfte stellt, «Seid ihr gut durchgekommen?», und als ich sage, ja, und wir seien an einem Riesenstau vorbeigefahren, sagt er: Ja, da hätten sich «die Klimaleute auf die Autobahn geklebt».

Es ist ein Moment der Wahrheit für mich. Oder sagen wir, der Halbwahrheit. Der Moment der Wahrheit wird erst kommen, wenn ich selbst demnächst in einem Stau stehe, der nicht durch einen Unfall, eine Baustelle, eine Tageszeit, durch mich, sprich: durch Menschen in Autos verursacht worden ist.

Sondern durch Leute von der «Letzten Generation», die den Verkehr blockieren, um auf die Klimakrise hinzuweisen und darauf, dass die Bundesregierung die Vorgaben ihrer eigenen Verträge nicht einhalten kann und will.

Ich habe an die «Letzte Generation» Geld gespendet. Ich bin pro. Ich finde es komplett nachvollziehbar, dass Menschen zu drastischen Mitteln greifen, um gegen unser aller Teilnahmslosigkeit anzukommen. Mir wird angst und bange, wenn ich sehe, wie Menschen aus ihren Autos steigen, auf die Protestierenden eintreten und einschlagen oder sie an den Haaren von der Straße schleifen. Wenn ich sehe, wie die Polizei die technisch distanziert sogenannten «Schmerzgriffe» gegen Menschen anwendet, die einfach nur dasitzen. Genauso, wenn Bundesländer ihre Gesetze und Verordnungen verschärfen, um die «Letzte Generation» präventiv an ihren Aktionen zu hindern oder sie demonstrativ abschreckend lange wegzusperren. Ich habe selten etwas Lächerlicheres gesehen als die Fotos eines Chefredakteurs, der, blockiert durch die «Letzte Generation», aus seinem Auto steigt und mit ausgestrecktem Zeigefinger den Protestierenden und der Polizei Anweisungen gibt, wutentbrannt, weit entfernt von der Rolle eines Beobachtenden.

Aber. Was passiert, wenn ich selbst in diesem Stau stehe? Und es wird, wenn ich und andere weiter genug Geld spenden und die Leute von der «Letzten Generation» sich nicht entmutigen lassen, zwangsläufig passieren. Ich werde einen Jobtermin verpassen, von dem womöglich etwas abhing. Ich werde zwei Teenager im Auto haben, die noch viel dringender als ich irgendwo sein müssen. Ich werde auf dem Weg zu meinem Vater und seiner Frau sein. Ich werde, gegen jede Vernunft, einfach Essen bei unserem Lieblings-Burgerladen geholt haben, weil es regnet und weil wir alle eine beschissene Woche hatten, und zu Hause ist schon der Fernseher an, meine Frau und meine Kinder warten auf mich, und wir brauchen diesen einen Abend, an dem alles jetzt einfach mal klappt, damit die ganze Woche nicht um uns herum zusammenbricht.

Und dann? Ich werde dastehen, auf der Gegenfahrbahn werden die Autos triumphierend, erleichtert und vielleicht mit einem Quäntchen Mitgefühl an mir vorbeirollen, und langsam wird sich die Gewissheit ausbreiten, weil ich auf dem Telefon nachschaue oder weil sich das von Auto zu Auto durch Osmose verbreitet, dass ich hier wegen der «Letzten Generation» stehe. Ich habe dafür gezahlt, mir den Tag versauen zu lassen. Und jetzt? Wo ist meine Selbstgerechtigkeit jetzt?

Hierzu zwei Anmerkungen. Ich habe schon sehr oft dafür gezahlt, mir den Tag versauen zu lassen. Es bleibt nicht aus, dass man in der Marktwirtschaft ständig Geld dafür abdrückt, um sich selbst das Leben zur Hölle zu machen. Das kann also nicht das Problem sein, ich bin es gewohnt. Zweitens, meine Selbstgerechtigkeit ist grenzenlos, besser gesagt: Ich habe mit mir und meiner Selbstgerechtigkeit eine Art Schengenabkommen. Zwar gibt es Grenzen, aber ich darf sie jederzeit überschreiten.

Es wäre also möglich, dass ich in dieser Situation nicht denke: Ah, da sind die Menschen, die mir Hoffnung machen, weil sie nicht einfach stumm ertragen, worüber ich bestenfalls alle paar Jahre einen Essay schreibe. Hoffnungsmenschen at work, wie gut! Und ich mittendrin! Sondern dass ich, selbstgerecht, wie ich bin, vielmehr denke: Was zur Hölle, das ist doch wirklich nicht der richtige Augenblick, warum gerade hier, es gibt so viele bessere Orte in der Stadt, so viele bessere Zeitpunkte als Donnerstagabend, WISSEN sie denn nicht, dass kritisches GNTM-Schauen das Letzte ist, was unsere Familie noch zusammenhält, und nun reißt auch dieser seidene Faden.

Ich kann es nicht ausschließen. Ich weiß es nicht. Ich kann wiederum nur hoffen. Darauf, dass ich das dann so sehen kann wie ein unendlich weiser Autofahrer, der am Tag nach der Osterblockade mit den Worten zitiert wird: «Ich finde es nicht gut, dass ich hier stehe, aber ich finde es gut, dass die da sitzen.»

Das ist eine Einstellung, die mir unmittelbar Hoffnung macht und an die ich mich hoffentlich erinnern werde, wenn ich selbst demnächst «hier stehe». Das Ganze hat nur einen kleinen Haken: Ich finde das Video nicht mehr. Ich habe es nicht gespeichert, ich habe mir kein Lesezeichen gesetzt, und als ich einen Tag später danach forschte, fand ich es nicht. Auf Twitter schickten mir hilfsbereite Menschen ein anderes Video von einem verständnisvollen Autofahrer, aber nicht mit dieser Formulierung, die unmittelbar die Bewertung der eigenen Situation mit den Handlungen der anderen in Beziehung setzt.

Habe ich mir die Erinnerung an dieses Zitat selbst gemacht, also auch die Hoffnung, die es mir macht? Es nicht gut finden, dass man hier steht, aber gut finden, dass die da sitzen – das wäre reine, gelungene Ambiguitätstoleranz. Also die Fähigkeit auszuhalten, das zwei Dinge zur gleichen Zeit möglich sind, die beide zutreffen, auch wenn sich widerspricht, wie wir uns dabei fühlen. Ich hoffe, diese Ambiguitätstoleranz und Größe habe ich dann, wenn es so weit ist.

Ehrlich gesagt habe ich aufgehört, mir Videoaufnahmen von Sitzblockaden der «Letzten Generation» anzuschauen. Der nackte Hass und die Gewalt der Autofahrenden und Passanten, die die Demonstrierenden beschimpfen, schlagen und treten, macht mir mitunter Angst, die größer als meine Hoffnung ist. Es ist so unglaublich aufwendig, Menschen mit einer einfachen Botschaft zu erreichen: Die Bundesrepublik möge sich an ihre vereinbarten Klimaziele halten. Der Aufwand, den man dafür treiben muss, damit über diese Botschaft gesprochen wird, ist überproportional groß.

Aber wie wenig braucht es, damit Menschen komplett die Kontrolle verlieren über ihre Wut und ihre Frustration, über ihre Lust daran, diese Gefühle an anderen auszulassen. Woran liegt das?

Es gibt ein anderes Video von einer «Letzte Generation»-Blockade, das mich sehr beeindruckt hat.* Negativ. Ein Polizist kündigt einem vor ihm sitzenden Menschen an, dass er ihm, sofern dieser Mensch nicht aufsteht und weggeht, nun Schmerzen zufügen wird. Und zwar so sehr, dass dieser Mensch noch tagelang Schmerzen und Schluckbeschwerden haben wird. Der Polizist steht vor diesem Menschen und malt ihm das aus. Ruhig, ausführlich. Der Mensch auf dem Boden antwortet «Das muss doch nicht sein». Dies sieht der Polizist offenbar anders. Er wendet nun den angekündigten Schmerzgriff am Hals des Protestierenden an, dieser schreit und weint, während ein zweiter Polizist hinzukommt und ihm den Arm verdreht, ein weiterer, wenn auch nicht vorab ausgemalter «Schmerzgriff».

Vielleicht erinnere ich mich an dieses Video, wenn ich dran bin mit «hier stehen». Vielleicht hilft es mir, mir die Frage zu beantworten, auf welcher Seite ich bin. Auf der der Hoffnung oder der der Schmerzen. Und dass ich lieber Aldi-Nüsse aus dem Handschuhfach esse, in eine Wasserflasche pinkle und einen Podcast höre, statt darauf zu hoffen, dass der Staat mit Schmerzgriffen dafür sorgt, dass ich meinen Weg fortsetzen kann.

Das Video hat mir aber auch noch eine zweite Sache klargemacht. Sie liegt in der Stimme des Polizisten, mit der er dem Menschen vor ihm Schmerzen ankündigt und ausmalt. Die Stimme ist sachlich und ruhig, sie klingt überlegt und klar. Die Stimme enthält, bei aller Grausamkeit, keine Spur von Leidenschaft. Es ist der Sound der völligen Abwesenheit von Hoff-

----

* Diesmal habe ich es mir gemerkt, man findet es, mit einer Einschätzung, die ich teile, zum Beispiel hier: twitter.com/GildaSahebi/status/1649674958182785024

nung. So klingt es, wenn es einfach nur noch darum geht, dass alles so weitergeht wie bisher, um jeden Preis. Ohne Interesse daran, dass es auch anders ginge, dass man anders miteinander leben könnte, dass die Welt so nicht sein müsste. Abwesenheit von Interesse ist Abwesenheit von Hoffnung. Abwesenheit von Hoffnung ist Grausamkeit.

Ich fürchte, dass diese Grausamkeit kein Mittel zum Zweck, sondern das Ziel ist. Ich sehe diese Grausamkeit auch, wenn Menschen mit Hohn und Spott auf die Diskriminierungserfahrungen von marginalisierten Menschen reagieren. Oder auf deren Wunsch, nicht mehr das N-Wort oder andere rassistische Begriffe hören zu müssen. Ich sehe diese Grausamkeit, wenn Menschen, die hoffen, endlich im ihnen entsprechenden Geschlecht leben zu dürfen, dafür ausgelacht, bedroht und zu Monstern erklärt werden. Ich sehe diese Grausamkeit auch, wenn Leute sich mit Vokabeln wie «Vergewaltigung der Sprache» dagegen wehren, dass andere Leute hier und da ein sogenanntes Gender-Sternchen verwenden. Alle diese Beispiele, vom kleinsten Sternchen bis zur größten Handlung gegen Rassismus, von der Sitzblockade bis zur Forderung, selbstbestimmt leben zu dürfen, haben gemeinsam, dass die ihnen zugrunde liegenden Handlungen Zeichen von Hoffnung sind. Der Hoffnung, dass die Welt ein bisschen gerechter, einfach nur angenehmer für alle, und im besten Fall sogar länger halbwegs intakt sein könnte.

Ich merke, dass ich bei vielen dieser Themen nicht mehr versöhnlich bin und dass ich mit vielen Leuten, deren Haltung ich abwertend und feindselig finde, gar nicht mehr diskutieren möchte. Aber vielleicht wäre das eine goldene Brücke, die ich noch anbieten kann. Denen, die so maßlos wütend wegen des «Gender-Gaga», wegen der «Klima-Kleber» und all dem anderen «Wahnsinn» sind, würde ich anbieten, das doch nicht als gegen sie gerichtete Attacken zu sehen, sondern erst mal als

Zeichen von Hoffnung. Die ausdrücken sollen, dass es nicht immer so weitergehen muss.

Aber dann wird mir klar, wie unpassierbar diese goldene Brücke wäre. Denn die Grausamkeit ist genau das, worum es geht. Ich fürchte, die Wut kommt genau daher, dass die Schmerzgriff-Anhänger*innen längst begriffen haben: Ja, es geht hier um Hoffnung. Sie haben aber das Gefühl, dass ihre Position in der Welt, wie sie gerade ist, gerade noch erträglich und gerade noch gut genug ist, um sie noch eine lange Weile auszuhalten. Sobald andere die Hoffnung haben, ihr Leben verbessern zu können, fürchten sie, das könnte auf ihre Kosten gehen. Weil man ihnen ihren Diesel, ihr Schnitzel oder ihr generisches Maskulinum wegnehmen will, weil man aus ihrem zäh fließenden Verkehr einen vorübergehend stillstehenden machen will.

Ich habe mehrfach zugegeben, dass mir das Angst macht. Aber es macht mir auch Mut, und Zuversicht. Ich merke, dass es mir leichter fällt, mir Hoffnung zu machen, wenn diese Hoffnung nicht nur ein stilles Gebet oder ein Kolibri vorm Fenster ist, sondern eine politische Handlung.

1994 war ich als Austauschstudent in New Orleans, ich wohnte mit einem Jurastudenten aus New York und einem geschiedenen Marinearzt zusammen. Eines Tages kam ich von der Uni nach Hause, und Jay, der Jurastudent, saß im Wohnzimmer auf der Couch und schaute die Fernsehberichte über ein Erdbeben in Los Angeles. Die Bilder waren ungefiltert und schockierend, wir waren noch nicht daran gewöhnt, solche Bilder immer und überall zu sehen, und darum war es unmöglich, den Blick abzuwenden, obwohl es uns nicht gut dabei ging.

Hin und wieder führte Jay mich, wenn wir keine Lust zum Studieren hatten, mithilfe der hinteren Programmplätze des Fernsehers in die Feinheiten der amerikanischen Kultur ein.

Zum Beispiel schauten wir sonst um diese Zeit Wiederholungen der Kindersendung «Mr Rogers' Neighborhood», die von 1968 bis 2001 im US-Fernsehen lief. Fred Rogers spricht darin mit seinen fiktiven Nachbarn und mit Kindern über allerhand Themen des Lebens und des Alltags, auf sehr liebevolle und witzige Art und Weise. Es ist eine Art Sesamstraße mit etwas weniger Puppen und noch mehr politischem Anspruch: 1969 kühlte sich Rogers mit dem Schwarzen Schauspieler François Clemmons zusammen in einem Wasserbottich die nackten Füße ab, zu einer Zeit, als in den meisten US-Bundesstaaten Schwimmbäder nicht erlaubten, dass Schwarze und Weiße zusammen badeten, und als Weiße darauf bestanden, dass nach Poolbesuchen von Schwarzen das Wasser getauscht wurde.[*]

Mr Rogers war und ist also eine vertrauenswürdige Instanz, und während bei Jay und mir die Hilflosigkeit angesichts der Verwüstung und des Leids auf dem Fernsehschirm wuchs, sagte Jay: «Es gibt ein berühmtes Zitat von Mr. Rogers über solche Situationen. Wenn etwas so schrecklich ist, dass man verzweifelt wird. Seine Mutter, hat er erzählt, hat dann immer zu ihm gesagt: Achte auf die Helfer. Du wirst immer Menschen sehen, die helfen.»[**] Wir waren zwei zwar junge, aber erwachsene Menschen (Generation X), und auch uns ging es besser, als wir unsere Aufmerksamkeit nun auf die Rettungskräfte richteten, das schwere Gerät, den Mut der Feuerwehrleute und Bergungsteams.

Fünfzehn Jahre später habe ich meine eigenen Kinder mit

. . . .

[*] Fred Rogers und seine Fernsehsendung sind in Deutschland vor allem durch den Spielfilm bekannt, in dem Tom Hanks Mr. Rogers spielt: «A Beautiful Day In the Neighborhood – Der wunderbare Mr. Rogers», 2019.

[**] «When I was a boy and I would see scary things in the news, my mother would say to me, ‹Look for the helpers. You will always find people who are helping.›»

diesem Gedanken in meinen eigenen Worten getröstet. Und ich merke, wie sehr er mir selbst auch immer noch bedeutet. Ich glaube, ich war damit nicht allein. Vielleicht erinnern sich manche noch, wie sie während der Tiefpunkte der Coronakrise auf die Helfenden schauten. Indem sie etwa an den Lippen von Christian Drosten hingen. Ich glaube, auch Greta Thunberg ist für viele, gerade Kinder, deshalb mehr als nur eine Symbolfigur. Weil sie als Helferin gesehen wird, als eine, die sich kümmert und auf die man schauen kann, wenn man selbst zu verzweifeln droht.

In den USA ist «Look for the helpers» ein Mantra geworden, es wird sehr oft bei Verbrechen, Katastrophen und entsetzlichen Ereignissen auf Social Media zitiert. Der Journalist Ian Bogost hat das vor einigen Jahren in der Zeitschrift «The Atlantic» kritisiert, mit der Begründung: «Immer nur nach den Helfern zu schauen, das bedeutet, sich auf andere zu verlassen. Trost darin finden, dass andere es schon richten werden und dass man selbst es nicht mehr tun muss. Für Kinder völlig richtig, aber für Erwachsene?»

Ich glaube, «Look for the helpers» bedeutet im Grunde: Schau in dieser verzweifelten Situation nach Menschen, die dir Hoffnung machen. Aber selbst bei dieser Lesart drängt sich die Frage auf: Muss man Hoffnung nicht selber machen? Können andere einem Hoffnung machen, ohne dass man selbst etwas beiträgt?

Ich glaube, es wäre schön, dieses Mr-Rogers-Meme, wie Ian Bogost es nennt, noch anders abzuwandeln und zu aktualisieren: Schau nach denen, die Hoffnung haben. Weil daraus dann das folgen muss, was ich weiter oben «Hoffnung als politische Handlung» genannt habe.

Schau nach denen, die Hoffnung haben. Das hat nur Sinn, wenn man von ihnen lernt. Oder, noch viel besser, sie unterstützt. Klimaaktivist*innen haben Hoffnung. Menschen, die sich gegen von Nazis beherrschten Regionen Ostdeutschlands antifaschistisch engagieren, haben Hoffnung. Menschen aus marginalisierten Gruppen, die nicht müde werden, sich mit Angehörigen der Mehrheitsgesellschaft über Rassismus und Benachteiligung auseinanderzusetzen, haben Hoffnung. Trans Menschen haben die Hoffnung, selbstbestimmt Leben zu können. Behinderte haben die Hoffnung, ohne Barrieren am gesellschaftlichen Leben teilzunehmen. Und, das ganz große Streitthema, wenn man es einmal auf seinen Kern reduziert, ohne moralische oder politische Bewertung: Geflüchtete haben Hoffnung auf ein besseres Leben. Sonst hätten sie aufgegeben, sie würden nicht versuchen hierherzukommen.

Das Wort Hoffnung klingt klein in diesen Beispielen, weil ich es immer auch durch das viel größere «das Recht» ersetzen könnte: Trans Menschen haben das Recht auf ein selbstbestimmtes Leben, behinderte Menschen auf Teilhabe ohne Barrieren, arme Menschen haben das Recht darauf, dass Geld gerecht verteilt wird. Aber was ist Recht ohne die Hoffnung, es durchsetzen zu können? Und wie kann ich es mir erlauben, Menschen sich selbst zu überlassen, die ihre Menschenrechte durchsetzen möchten?

«Hoffnung ist Arbeit», hat die Klimaaktivistin Luisa Neubauer vor einem Jahr in einem Podcast gesagt. Das Mindeste ist, Menschen, die Hoffnung haben, mit dieser Arbeit nicht allein zu lassen. «Hoffnung ist Disziplin», sagt die Menschenrechtlerin Mariame Kaba. Warum sollen wir uns darauf verlassen dürfen, dass die anderen diese Disziplin schon aufbringen werden?

Die anderen: Es ist vermutlich kein Zufall, dass mir diese Formulierung noch rausgerutscht ist. Ich schreibe diesen Text aus der Perspektive eines *weißen* cis-Mannes mittleren Alters, heterosexuell, able-bodied, also nicht behindert, aus dem gebildeten Bürgertum, Akademikerkind. Das Wort «weiß» ist kursiv gesetzt, weil es nicht die tatsächliche Farbe meiner Haut bezeichnet, sondern eine gesellschaftliche Kategorie: die jener Menschen, die in Deutschland gewöhnt sind und sich angewöhnt haben, sich als die gesellschaftliche Norm zu empfinden. Das trifft auf mich als Mann noch mal mehr zu: Ich werde überall automatisch gegendert angesprochen, medizinische Studien und die Ausstattung der Welt sind auf mich zugeschnitten. Daher bin ich so aufgewachsen und habe es, ob ich will oder nicht, so verinnerlicht, dass Menschen, die einen anderen Hintergrund, andere Erfahrungen, andere Identitäten haben als ich, ebendas sind: andere. Ich hoffe, dass ich angefangen habe, das zu verlernen, denn jemanden als «anders» zu sehen und zu behandeln, lässt immer eine Hierarchie entstehen, erst im Kopf, dann im Handeln.

Es wäre nun aber ein großer Rückschritt und besonders faulpelzig, um nicht zu sagen infam, wenn ich mir nun herausnehmen würde, das Hoffnung-Machen und das Disziplin-Haben «den anderen» zu überlassen, jenen, deren Leben und Überleben davon abhängt, nicht zu resignieren. Ich könnte es mir leisten, mich mehr oder weniger gepflegt einer Resignation und Hoffnungslosigkeit hinzugeben. Es würde mir nicht gut dabei gehen, sondern immer schlechter, aber ich könnte mein Leben über die Runden bringen und mich ablenken mit milden Whiskeys, lieben Fernsehserien, hin und wieder Verreisen und so weiter. Schön Essengehen, vielleicht eines Tages hin und wieder Enkelkinder wickeln. Nach mir die Sintflut, ansonsten. Nur, so viele andere können das eben nicht, und den Plan aufzugeben, so gut es geht, an ihrer Seite zu stehen, würde bedeuten, sich selbst aufzugeben.

Die Hoffnung der anderen ist also auch meine Hoffnung, sonst gibt es gar keine. Das bedeutet aber auch: Du hast kein Recht auf eine Hoffnung, an der du nicht mitgewirkt hast, die du dir nicht verdient hast.

Die Schriftstellerin und Germanistin Ruth Klüger schreibt Anfang der Neunzigerjahre in ihrem Buch «weiter leben. Eine Jugend» über ihre Kindheit und Jugend in Theresienstadt und in Auschwitz und darüber, wie erleichtert Deutsche nach dem Krieg immer wieder darauf reagieren, dass Klüger das Vernichtungslager und die Verbrechen der Deutschen überlebt hat. In dieser nachkriegsdeutschen Reaktion schwingt Grauenvolles, wenn auch Unausgesprochenes mit, etwa in der Art: Zum Glück war es nicht ganz so schlimm, wie ich es mir ausgemalt habe, denn dieses junge Mädchen hat überlebt. Und ist das nicht ein hoffnungsvoller Gedanke, sofern er nicht dazu dienen sollte, Theresienstadt und Auschwitz zu verharmlosen? Macht es nicht Hoffnung, wenn ein Mensch stark genug war, der Vernichtung zu entgehen und danach ein Leben zu führen?

Ruth Klüger schreibt: «Ich habe die Hoffnung nie aufgegeben und meine heute, daß es aus keinem besseren Antrieb als kindischer Verblendung und Todesangst so war. Daß sich die Hoffnung gerade bei mir bewährt hat, ist zwar ein für mich persönlich erfreulicher Ausgang gewesen, widerlegt aber ebensowenig die Unwahrscheinlichkeit eines solchen Ausgangs wie der Hinweis auf einen Lottogewinner die Tatsache widerlegt, daß die meisten Spieler verlieren müssen und daß es ebenso unwahrscheinlich ist, daß ein bestimmter Spieler verliert, wie es sicher ist, daß einer gewinnen muß.» Und sie schließt ihre Passage mit der Feststellung: «Nur darf der wahrheitsliebende Leser das Happy-End meiner Kindheitsirrfahrten (wenn man das einfache Weiterleben überhaupt als ein Happy-End bezeichnen will) nicht auf ein Hoffnungskonto, nicht auf meines und schon gar nicht auf sein eigenes, setzen.»

Als Nachgeborener und Täterenkel möchte ich, das merke ich bei jeder Seite, Klügers Buch als Geschichte der Hoffnung lesen. Also als ein Buch, das mir Hoffnung macht. Ein Buch, das mir nützt. Indem sie mich ausdrücklich auffordert, das nicht zu tun, macht sie mir und anderen «wahrheitsliebende[n] Leser[n]» das Geschenk einer Erkenntnis: Die Hoffnung gehört denen, die sie machen, sie können damit anfangen, was sie wollen. Und wenn wir Hoffnung wollen, zählt nur die, für die wir selbst etwas getan haben.

12. Sollen sie die Bombe werfen?

Am 1. März 1987 ging in West-Berlin der erste private Radio-sender der Stadt auf Sendung, Radio 100. Ein linker, selbst organisierter Sender, der sich absurderweise eine Zeit lang die Frequenz mit dem extrem CDU-nahen Sender Hundert,6 teilte.* Ich war 18 Jahre alter taz-Leser und sehr interessiert daran, was es an neuen Medien in meiner Stadt gab. Also hing ich an diesem Märzabend am Radio und hörte mir an, wie die Leute von Radio 100 in ihrer allerersten Sendung eine Reihe mehr oder weniger bekannter Berliner Kulturmenschen inter-viewten. Als eine Art Running Gag beendeten sie jedes Inter-view mit der Frage: «Should they drop the bomb?», sollen sie die Bombe werfen?

Ich erinnere mich, wie einer der Gesprächspartner nach kur-zem Zögern sagte: «Ja.» Und ich erinnere mich daran, wie gut mir das gefiel. Diese dräuende Dauerangst vorm, wie es damals geschichtsvergessen hieß, «atomaren Holocaust» einfach zu durchbrechen, indem man die Frage aufwarf: Warum eigentlich nicht? Und das kurze Innehalten vor der Antwort, das Abwä-gen. Ich fand mich plötzlich erleichtert. Einerseits dadurch, dass meine Angst vor der atomaren Katastrophe aus einer dunklen

---

* Hundert,6 sendete jeden Tag bis 19 Uhr und beendete sein Programm im-mer mit der Nationalhymne, Radio 100 begann seines unmittelbar danach immer mit dem Geräusch einer Klospülung.

Ecke ins Licht des Scherzens und Abwägens geholt wurde. Andererseits dadurch, dass es etwas Tröstliches hatte, sich die Antwort «Ja» eben auch mal durch den Kopf gehen zu lassen. Sollen sie die Bombe werfen? Und damit eine nukleare Kettenreaktion auslösen, die die Menschheit beendet? Dann wäre wenigstens endlich Ruhe. Kein Hunger, kein Elend, keine Ungerechtigkeit mehr, und war es nicht zumindest die Überlegung wert, ob das Projekt Mensch nicht insgesamt vollkommen und unwiederbringlich gescheitert war? Sogar die Klimakrise hätte man dadurch aufhalten beziehungsweise beenden können.

Ich kann das nicht mit möglichen heutigen Ängsten gleichsetzen, weil wir uns damals, denke ich, eher vorstellten, die Welt würde innerhalb weniger Augenblicke, schlimmstenfalls innerhalb weniger Tage, komplett zerstört werden und wir wären tot. Das Leiden wäre schnell vorbei. Die Dinge, die man heute realistisch befürchten kann, versprechen eher eine lange Quälerei: weltweite Seuchen, Naturkatastrophen, sich immer weiter ausbreitende Ressourcen-Kriege.

Ungefähr zur gleichen Zeit wie Radio 100 gab es eine neue Single von The Smiths, «Ask», in der Sänger und Texter Morrissey die Atombombe und ihre nivellierende Wirkung ausmalte: «Wenn es nicht Liebe ist, dann ist es die Bombe, die Bombe, die Bombe / Die Bombe, die Bombe, die Bombe, die Bombe / Die Bombe, die Bombe, die Bombe, die Bombe / Die uns zusammenbringen wird» (ich habe sorgfältig mitgezählt).

Während ich dies schreibe, sitze ich im Arbeitszimmer meiner Kollegin Maike. Einmal die Woche arbeiten wir zusammen, damit uns nicht die Decke bzw. der Himmel auf den Kopf fällt. Unter vielen anderen Dingen hängt in ihrem Arbeitszimmer die Postkarte eines Kunstwerkes von Richard Prince, schwarze Schrift auf Chartreuse-Grün, der Rückseite entnehme ich: Acryl und Siebdruck auf Leinwand (221×147 cm), es heißt «All I've Heard», ist von 1989 und besteht aus dem Satz:

With all I've heard about A-bombs that'll destroy a city
and H-bombs that'll destroy a state and chain reactions
that'll destroy the world … you know I just don't have
any incentive to buy a two pants suit.

*Nach allem, was ich über Atombomben gehört habe, die
eine Stadt zerstören, und über Wasserstoffbomben, die ein Land
zerstören, und über Kettenreaktionen, die die Welt
zerstören werden … wissen Sie, ich sehe da einfach keinen
Grund, mir einen Zwei-Hosen-Anzug zu kaufen.*

Mir hätte das damals sehr gut gefallen, und ich mag diese Haltung zur Katastrophe immer noch: die Angst nicht zeigen, sondern lieber einen Witz machen. Fatalismus vorspielen, wie The
Smiths und Richard Prince. Oder, eine weitere Spielart: sich
der Katastrophe ergeben und sie als unvermeidlich, vielleicht
sogar als eine Art persönliche Bestimmung zu umarmen.

Als Jugendlicher war ich großer Fan des britischen Schrift-
stellers J. G. Ballard, der in den Sechziger- und Siebzigerjahren
durch außerordentlich düstere Katastrophenromane bekannt
geworden war. Hochhäuser, in denen die Menschen anfangen,
einander buchstäblich zu zerfleischen; Autounfälle als sexuelle
Obsession; Verkehrsinseln, auf denen Leute stranden wie auf
einsamen Inseln. Die Beton-Moderne, ausgemalt als düsterste
Apokalypse. Und Romane, die davon handeln, wie die Welt
durch einen furchtbaren Sturm, Überschwemmungen oder
eine weltweite Dürre zerstört wird.* Da Ballards Romane in
Deutschland in den Achtzigerjahren als Suhrkamp-Taschenbü-
cher erschienen, hatten sie zudem einen gewissen intellektuel-
len Glanz, in dem ich mich sonnte. Ich fiel meinen Eltern damit

. . . .

* Ballard nannte es «Der Sturm aus dem Nichts» (1962), «Karneval der Al-
ligatoren» (1964) und «Die Dürre» (1966), wir nennen es Sommer 2022 ff.

auf die Nerven, wie sehr diese Bücher mir gefielen und wie viel sie mir bedeuteten. Bis mein Vater sich eines Tages überzeugen ließ, «Die Dürre» zu lesen.

Danach gab es, bei meinen geschiedenen Eltern sehr selten, ein Gespräch zwischen meinem Vater und meiner Mutter, in dessen Verlauf mein Vater ihr seine Überzeugung mitteilte, ich würde psychiatrische Hilfe brauchen. Er war verstört von Ballards leidenschaftlich hoffnungsloser Zukunftsvision, und er konnte nicht übersehen haben, wie nachdrücklich ich, als Fünfzehnjähriger, mit meinem Schulfüller folgende Passage in «Die Dürre» unterstrichen hatte.

Eine Protagonistin stellt fest, dass Dr. Ransom, die Hauptfigur, so gut auf die Katastrophe vorbereitet ist. Fast, als hätte er darauf gewartet. Ransom antwortet ihr: «Wenn ich gut vorbereitet bin, dann nur, weil … mir das ganze Leben immer wie eine Art Katastrophengebiet erschienen ist.» Wenn ich mich richtig erinnere, hatte ich diesen Satz abgetippt und im Copycenter auf DIN A3 vergrößert, damit ich ihn als eine Art Poster über mein Bett hängen konnte. Er bedeutete mir viel, weil er wie für mich gemacht schien. War ich nicht, wie es 1987 in einem Song von Aztec Camera hieß, «a baby being born to the overkill», und hatte ich daher nicht allen Grund, das Leben für ein einziges Katastrophengebiet zu halten? Als ich meine erste Freundin hatte, nahm ich das selbst gemachte Pathos-Poster wieder ab, weil mir nun das Leben nicht mehr ganz so katastrophal erschien. Aber die Grundstimmung hallte noch ein paar Jahre nach: die Erlaubnis, sich in die Katastrophe ergeben zu dürfen, weil sie unvermeidlich ist und weil man nichts dazu beigetragen hat. Eine Erleichterung, eine Entlastung.

Manchmal denke ich: Vielleicht kann ich heute daran anknüpfen, was mir damals Hoffnung gemacht oder Erleichterung verschafft hat. Damals, als die Welt jederzeit hätte untergehen können. Also nicht in dem Sinne, dass ich noch mal J. G. Ballard lese oder Morrissey höre. Sondern indem ich in den Abgrund schaue und darüber lache, oder indem ich versuche, Trost und Erleichterung darin zu finden, dass sowieso alles vergeblich ist. Fatalismus kann befreiend sein.

Aber nicht, wenn man selbst zur ganzen Situation beigetragen hat. Als ich fünfzehn, siebzehn, neunzehn war, konnte ich wirklich rein gar nichts dafür, dass die Welt permanent am Rande der nuklearen Katastrophe stand. Ich hatte nicht im Allergeringsten irgendwas damit zu tun, ich war, vielleicht ein einziges Mal in meinem Leben, an einer Sache wirklich komplett unschuldig. Es resigniert und scherzt sich leicht, wenn man unschuldig ist.

Davon kann heute keine Rede mehr sein. Manchmal sehe ich Clips eines Social-Media-Accounts, der Ausgaben der «Tagesschau» von vor zwanzig, fünfundzwanzig oder dreißig Jahren teilt. Relativ oft ist darin die Rede von Warnungen vor dem Klimawandel, mit erstaunlich genauen Zahlen und Prognosen, und dann sitze ich vor meinem Laptop und denke: Nicht zu fassen, das ist von 1992, sie haben es alle gewusst, und sie haben einfach nichts getan. Das ist von 1999, und es hat niemanden interessiert. Und dann wird mir klar: «sie» und «niemand», das war ich, ich war Anfang zwanzig, dreißig, was auch immer, ich war jung und erwachsen und hatte noch keine Kinder, und ich habe so gut wie nichts dazu beigetragen, dass der Klimawandel verhindert wird. Vielleicht irgendwann statt Haarspray lieber Gel aus der Tube gekauft, und hin und wieder im Supermarkt die mir angebotene Plastiktüte abgelehnt. Aber sonst? Ich habe die Atombombe mitgebaut.

In den Achtzigerjahren gab es auch immer noch die Chance, dass eben nichts passiert. Es hätte jeden Augenblick vorbei sein können, aber es ging eben weiter, die Bombe wurde nicht gezündet. Auch da fallen einem die Scherze leichter, und der

Fatalismus hat was Selbstwirksames, Aufbauendes, wenn man damit die Angst vor der fast zufälligen, im Zweifel schlagartigen Vernichtung handhabbar macht.

Aber jetzt, angesichts einer katastrophalen Entwicklung, die sich bestenfalls noch verlangsamen und in mancher Hinsicht aufhalten, aber nicht mehr umkehren lässt? Es gibt keinen Weg mehr für mich, an meine Strategien der Achtziger anzuknüpfen. Ich nehme das ernst, ich schaue es mir an, ich resigniere nicht. Das ist das Mindeste, was ich tun kann.

Meine Kinder, die so alt sind wie ich in den Achtzigern, haben jedes Recht, das anders zu handhaben. Nach dem Schulabschluss überlegt mein Sohn, in welchem Fach er sich für einen Studienplatz bewerben will. In der Schule mochte er Biologie. «Aber andererseits», sagt er nachdenklich, weil Informatik auch infrage käme, «bis ich mit dem Studium fertig bin, gibt es eh keine Tiere mehr.»

13. Fröhliche Sehnsucht

Vor ein paar Jahren fing die Firma Spotify damit an, mir und allen anderen einen Jahresrückblick zu präsentieren. Welche Musik wir am meisten gehört hatten, Lieblingsgenres, Lieblingslieder, Lieblingskünstler*innen, und so weiter. Ende 2021 gab es auch einen Eintrag, der mir sagte, was die überwiegende Stimmung der Musik war, die ich gehört hatte in diesem Jahr. Ich war ein bisschen gespannt, weil diese algorithmisch gepflegten Persönlichkeitsorakel auf harmlose Weise meinen Narzissmus bedienen. Bei mir stand, als meine musikalische Stimmung des Jahres: «fröhliche Sehnsucht».

Ich musste etwas schlucken. Es ist nicht gerade das, was man als Mann Anfang fünfzig von seinem Musikstreamingdienst attestiert bekommen möchte. Es klingt ein bisschen naiv. Als würde ich manchmal beim Gehen hüpfen. Und Studio-Ghibli-Filme mehrfach gucken. Es klingt, als hätte ich rote Sneaker und eine Vorliebe für Vanilleeis.

Allerdings stimmt all dies. Zwar hüpfe ich nicht beim Gehen, aber nur, weil es mir zu anstrengend ist. Der Impuls ist mir durchaus vertraut. Der Rest ist zutreffend. Und nach kurzem Nachdenken fand ich die Stimmung auch ganz gut beschrieben.

Warum Spotify mir das bescheinigt hatte, ist leicht zu erklären. Ich neige, wenn mir etwas gefällt, zu Besessenheit. Wenn ich einen Roman von Muriel Spark sehr gut finde, wünsche ich mir zum Geburtstag alle 22. Wenn ich einen Kugelschreiber für mich entdeckt habe, kann ich mit anderen nicht mal mehr einen Einkaufszettel schreiben. Und in der Pandemie entdeckte ich die japanische Singer-Songwriterin Yumi Matsutoya für mich. Zwei ihrer Songs aus den Siebzigerjahren kommen im Studio-Ghibli-Film «Kikis kleiner Lieferservice» vor, und als einer davon in einer Spotify-Playlist mit «City Pop» auftauchte, auf die ich zufällig gestoßen war, war ich vom Donner des Wiedererkennens erschüttert. Ihre Songs klingen nach Pop, Jazz und Easy Listening, allerdings haben sie so ziemlich alle westlichen Einflüsse der letzten fünfzig Jahre aufgenommen, denn so lange veröffentlicht Yumi Matsutoya Singles und Alben. Das heißt, es kommen viele von diesen ganz spezifisch sehnsuchtsvollen Akkord-Folgen darin vor, große und kleine Septimen, wenn man sie erwartet, und auch, wenn nicht. Ihre Texte, die ich mir nach und nach im Internet zu übersetzen begann, handeln davon, wie ein bestimmtes Wetter einen an die Stadt der Kindheit erinnert; wie wir nach Zeichen in unserer Umgebung suchen, um glauben zu können, wir wären von guten Geistern umgeben; wie die Lichter der Stadt immer etwas versprechen, aber nie ganz einlösen; oder, wie der vierzehnte Tag eines Monats der beste von allen ist, weil da, kurz vor Neumond, noch alles offen ist und man alle Entscheidungen noch treffen oder revidieren kann. Und, ehrlich gesagt, hatte ich 2021 praktisch nur Musik von Yumi Matsutoya gehört (es gibt über vierzig Alben von ihr). Ich war beeindruckt, wie gut Spotify die Stimmung der Lieder zusammengefasst hatte.

Und ich dachte: Fröhliche Sehnsucht, das trifft es eigentlich wirklich gut. Das ist, an guten Tagen, die Stimmung, mit der ich der Welt begegnen kann und begegnen möchte.

Am Anfang des Buches steht ein Zitat aus dem Roman «Franziska Linkerhand» von Brigitte Reimann. Es ist eigentlich eine Verliebtheitsszene. Brigitte Reimann schreibt nicht aus einer festen Perspektive, sondern wechselt von der Wahrnehmung einer Romanfigur zur nächsten, oft innerhalb eines Absatzes. Schafheutlein, ein Mann mittleren Alters, ist in die junge Architektin Linkerhand verknallt, und wie alle Verliebten sucht er in ihren Worten und in ihrem Verhalten Anzeichen dafür, sich Hoffnung machen zu dürfen.* Ich glaube, Verliebtheit ist nicht zuletzt deshalb so berauschend, weil sie all unsere Gefühle schärfer, kontrastreicher, deutlicher macht. Sehnsucht nach Hoffnung, das kenne ich aus Verliebtheitsphasen, da war dieses Gefühl ganz deutlich zu erkennen. Aber ich sehe, dass ich diese Sehnsucht nach Hoffnung auch jenseits von Romantik und Gefühlsrausch habe.

Das klingt doppelt gemoppelt: Sehnsucht nach Hoffnung. Zweimal etwas wollen, was nicht da ist. Sich sehnen nach etwas, suchen nach etwas, was man wieder nicht in der Hand, sondern nur in der Zukunft hält. Es klingt wie ein Zweistufenplan der Illusion. Ich sehne mich nach einem Lotterielos, um dann hoffen zu können, ich würde im Lotto gewinnen.

Aber wenn man genauer hinschaut, läuft vielleicht eigentlich alles, was schön ist und womöglich gelingt, nach dem Muster «Sehnsucht nach Hoffnung» ab. Ich sehne mich nach der Liebe einer Person, weil ich hoffe, dass diese Liebe dann ein Loch in mir füllen oder uns beide zu besseren Menschen machen, uns ein besseres Leben ermöglichen wird. Ich habe mich immer

. . . .

* Brigitte Reimann (1933 bis 1973) ist eine wunderbare Hoffnungsexpertin, vor allem ihr großer Roman «Franziska Linkerhand» (unvollendet, zuerst 1974), eine Art «Moby-Dick» des Plattenbaus, ist in dieser Hinsicht sehr lesenswert. Darin nennt sich die Hauptfigur Franziska einmal «den Vogel mit dem bunteren Gefieder», so, als würde Reimann über den Abgrund eines Jahrhunderts mit Emily Dickinson kommunizieren. Die erste westdeutsche Ausgabe ihrer Tagebücher griff 1986 eine Formulierung von Reimann auf, mit der sie ausdrückte, wie Hoffnung zwischen den Gefühlen Sehnsucht und Enttäuschung lebt: «Die geliebte, die verfluchte Hoffnung».

danach gesehnt, Kinder zu haben, weil ich mir davon erhofft habe, noch mehr Platz für meine Liebe und einen stabileren Platz in der Welt zu finden. Oder, ganz einfach: Ich sehne mich danach, eines Tages noch einmal mit meiner Frau in dieses Restaurant am Alpenrand der Provence zu gehen, weil ich hoffe, dass wir dort genauso gut oder besser sein und essen und trinken werden wie vor zwanzig Jahren. Sich danach sehnen, wie Yumi Matsutoya, die Stadtautobahn bei Nacht wäre eine Startbahn ins Sternenfirmament, weil einem das erlauben würde, auf Aufbruch und Freiheit zu hoffen.

Während der Arbeit an diesem Buch unterhielt ich mich mit einer Kollegin über dieses Buch hier, und sie meinte, sie hätte eigentlich keine Hoffnung mehr. Wie immer, wenn jemand das sagt, war ich erschrocken. Warum eigentlich? Ich weiß ja nicht einmal, ob ich selbst welche habe. Vor allem, als sie in zwei, drei Sätzen noch einmal umriss, was uns allen klar ist. Wie unwahrscheinlich es ist, dass das alles noch gut ausgeht, und dass es für so viele schon zu spät ist.

Aber, sagte sie, sie empfände es auch als eine Art Erleichterung. Weil vieles dadurch klarer sei. Also, dass man nicht mehr grübeln müsste, sobald man sich seine eigene Machtlosigkeit bewusst macht. Und dass es dann so klar ist, dass es eigentlich nur darum geht, dafür zu sorgen, dass man selbst, oder, in unseren Fällen, die Kinder noch «eine möglichst schöne Zeit» haben. Klar, sie engagiert sich, sie spendet Geld, sie schreibt kritische Texte, sie verwendet ihre Zeit und Energie auch darauf, andere zu unterstützen, es geht nicht nur um ihre Kinder. Aber am Ende, so verstehe ich sie, tut sie vielleicht auch das, weil es zur «möglichst schönen Zeit» gehört: so zu leben, als hätte man noch nicht resigniert, auch wenn man in Wahrheit keine Hoffnung hat.

Ich verstehe sehr gut, was sie meint, und ich glaube, dieses

Buch ist auch aus der Angst entstanden, das selbst so zu sagen: Ich habe eigentlich keine Hoffnung mehr. Das Buch ist aus dem Wunsch entstanden, diesem «eigentlich» auf den Grund zu gehen. Klar, wir haben keine Hoffnung mehr. Aber irgendwie doch. Wie geht das?

Ich glaube, es geht nach dem Muster, das ich eben beschrieben habe: Ich habe Sehnsucht nach Hoffnung. Ich sehne mich nach einer Perspektive, und ich bin dankbar für alle, die versuchen, uns eine zu zeigen. Dabei stört es mich nicht, wenn sie sich auf Straßen kleben oder Bilder mit Kartoffelbrei bewerfen. Es schreckt mich nicht ab, wenn sie emotional und theatralisch reden, wenn sie die Schule schwänzen, wenn sie überheblich rüberkommen, wenn sie nerven und harte Worte verwenden.

Zugleich verstehe ich ganz genau, was meine Freundin mit «eine möglichst schöne Zeit» meint. Möglichst viele Momente von Unbeschwertheit und Sorglosigkeit, für die Kinder. Ermöglicht durch Empathie, Güte und Verantwortungsbewusstsein. Ich persönlich denke nicht, dass das über Mülltrennung funktioniert oder darüber, dass wir nichts mehr im Internet bestellen. Oder Elektroautos fahren. Sondern dadurch, dass wir gut zueinander sind. Die Sehnsüchte der anderen respektieren, sofern sie nicht auf Kosten anderer gehen. Deshalb bewundere ich Mülltrennung, weniger Fliegen und alles andere, was Menschen machen, damit sie in ihrer kleinen Welt das Gefühl haben, etwas zu tun, auch wenn sie mit ihren Handlungen und Unterlassungen so gut wie nichts bewirken: Hoffnungssehnsucht.

Und, wenn das mit der schönen Zeit gelingt, wenn wir Freude finden und einander Vergnügen bereiten können, wenn wir helfen und uns helfen lassen: dann darf man das gerne fröhlich nennen. Mir ist inzwischen egal, wie naiv diese Formulierung aus meinem Spotify-Jahresrückblick klingt und dass sie in Pastellfarben unterlegt war. Hoffnung habe ich gar nicht so viel, glaube ich. Aber ich habe eine fröhliche Sehnsucht nach Hoffnung.

Nachbemerkung:
Zusammenarbeit als Hoffnung

Den größten Teil dieses Buches habe ich im Haus meines Freundes Markus Friederici und seiner Frau Nicola in Zahara de los Atunes geschrieben. Markus und ich waren dort im Winter zusammen mit Alena Schröder zum Arbeiten. Die beiden schrieben an ihren Roman-Manuskripten, ich hieran. Erstens möchte ich mich für den Aufenthalt an diesem wunderschönen Ort bedanken, an der Atlantikküste, mit Blick auf die Küste von Marokko. Also bei aller Schönheit ein so passender Ort zwischen Realität und Hoffnung, oder, wenn man an die Flüchtlingszäune von Gibraltar und an die Lager von Nordafrika denkt, zwischen Grausamkeit und Hoffnung.

Zweitens möchte ich kurz erzählen, wie sehr ich dort wieder gemerkt habe, dass ich auf die Hoffnung angewiesen bin, die beim Schreiben durch die Zusammenarbeit mit anderen entsteht.

Vielleicht ist das ein Aspekt, der in diesem Buch unterzugehen droht, weil ich ungern «wir» und deshalb sehr oft «ich» sage: wie sehr und wie dringend Hoffnung etwas ist, das man gemeinsam macht. Es gibt so viele Entwicklungen, die dazu führen, uns zu vereinzeln: Verdrängung und Konkurrenz im Arbeitsleben, bei der Wohnungssuche; bei der Suche nach Kitaplätzen, nach der richtigen Schule, nach Studienplätzen und Ausbildung; jede neue biografische Station bringt uns, wenn wir es zulassen, dazu, gegen andere anzutreten und uns zu vereinzeln. Und vor allem in Krisen, zum Beispiel der Coronazeit, die eine einzige Abfolge von Vereinzelungs-Entscheidungen war. Wer hat Ressourcen und Talent, sich Masken zu nähen? Wer hat noch Mehl und Hefe und Toilettenpapier bekommen? Wer hat Einweg-Masken ergattern können, wer hat eine Quelle für einigermaßen erschwingliche FFP2-Masken? Alle paar Wochen und Monate ein neues Sich-alleine-Durchsetzen: Wer hat schon welche Impfung, wer hat Verbindungen, wer kann im Zweifelsfall die Ellenbogen ausfahren, und wer lässt sich zur Seite drängen?

Ich denke, dass wir im Laufe der letzten Jahre und Jahrzehnte gelernt und verinnerlicht haben, dass es im Zweifelsfall auf uns allein ankommt, auf uns, die Einzelperson. Deshalb ist auch das Gefühl der Hoffnungslosigkeit so eine einsame Angelegenheit: Mit wem soll man sich darüber austauschen? Die wenigsten sind noch in einer Kirche oder einer Gewerkschaft, also in einer Gemeinschaft, die sich kollektiv diesem Thema zuwendet. Zugleich haben wir gelernt, dass es wichtig ist, positiv zu bleiben und andere nicht runterzuziehen, uns nicht zuzumuten, geschmeidig zu bleiben.

Ich glaube, das ist so stark verinnerlicht, dass wir nicht beschließen, sondern nur üben können, aus dieser Vereinzelung herauszukommen. Indem wir würdigen, dass wir immer auf andere angewiesen sind und von ihnen profitieren und dass es leichter wird, sich als Teil einer Gemeinschaft zu sehen, je häufiger man sich die Bedeutung bewusst macht, die andere Menschen für einen haben.

Zum Beispiel eben bei der Arbeit. Deshalb möchte ich hier kurz ein paar Beispiele dafür nennen, wie bei mir Hoffnung und Zuversicht durch die Zusammenarbeit mit anderen entsteht.

Etwa dadurch, dass man gemeinsam in einem Zimmer sitzt

und sich hin und wieder austauscht, einander Tee kocht oder reihum Abendessen macht. Dafür danke ich diesmal Markus und Alena. Oder indem man sich einmal die Woche trifft, um einen Tag zusammen an zwei Schreibtischen zu arbeiten, um einander anschweigen, zuhören und erzählen zu können, was eine*n gerade ärgert oder bedrückt oder freut. Dafür danke ich Maike Rasch. Sei es, indem man seit bald 25 Jahren so gut wie jeden Donnerstag vor der Arbeit zusammen zwei, drei Kaffee trinkt und über das Tagwerk und das Leben spricht. Dafür danke ich Stephan Bartels. Oder sei es, indem man sich an zwei Homeoffice-Arbeitsplätzen, fünf Meter und eine Trockenbauwand voneinander entfernt, per WhatsApp darüber austauscht, wer wann was zu Mittag macht. Dafür danke ich meiner Frau Diana Helfrich, niemand hat jemals mehr Zuversicht in meine Welt gebracht.

Hoffnung durch Zusammenarbeit bedeutet, dass man als Autor bei der Zusammenarbeit mit Redakteur*innen aus bester Erfahrung damit rechnen darf, dass sie Texte und Ideen besser machen, die man ihnen anvertraut. In ein paar Kapitel dieses Buches sind meine Fassungen von Texten aus dem «Süddeutsche Zeitung Magazin», «Brigitte» und «Brigitte Woman» sowie dem «Elbphilharmonie Magazin» eingeflossen, und dafür danke ich vor allem Miriam Collée, Carsten Fastner, Christine Hohwieler und Johannes Waechter.

Vor allem bin ich darauf angewiesen, dass die Zusammenarbeit mit meiner Agentin und meinem Verlag mich mit Zuversicht erfüllt. Dass es in jeder Hinsicht so ist, dafür danke ich Julia Eichhorn von der gleichnamigen Agentur sowie Nicola Bartels und Susanne Frank sowie Gwendolyn Simon und den anderen wunderbaren Kolleg*innen von Rowohlt.

Literaturauswahl

Yumi Arai (Yumi Matsutoya): «Misslim», Album, 1974

Yumi Arai (Yumi Matsutoya): «Chuo Freeway», Single, 1976

Thomas Assheuer: «Der Sinn der Weltgeschichte: Die Klimakrise erschüttert die Hoffnung auf eine sichere Zukunft. Wie hält man das
aus, ohne verrückt zu werden?», «Die Zeit», 10. Oktober 2021

Kersten Augustin: «Ökologischer Fußabdruck und Klimakrise: Wir haben uns verrechnet», «die tageszeitung», 15. November 2022

Aztec Camera: «Somewhere in My Heart», Single, 1987

J. G. Ballard: «The Drought» [1964], deutsch: «Die Dürre», übersetzt von
Maria Gridling, Suhrkamp 1984

Jörg Bernardy: «Philosophische Gedankensprünge», Beltz und Gelberg
2017

Rachel Bloom und Aline Brosh McKenna: «Crazy Ex-Girlfriend», TV-
Serie, 2015–2019

Ian Bogost, «The Fetishization of Mr. Rogers's ‹Look for the Helpers›:
Turning the reassuring line for children into a meme for adults should
make everyone uncomfortable», «The Atlantic», 29. Oktober 2018

Katharina van Bronswijk: «Klima im Kopf – Angst, Wut, Hoffnung: Was
die ökologische Krise mit uns macht», Oekom 2021

Greg Daniels und Mike Schur: «The Office», TV-Serie, 2004–2013 [dt.:
«Das Büro»]

Emily Dickinson: «Gedichte Englisch / Deutsch», übersetzt von Gertrud
Knieper, Reclam 2020

Emily Dickinson: «Sämtliche Gedichte – zweisprachig», übersetzt von
Gunhild Kübler, Hanser 2015

Hilde Domin: «Sämtliche Gedichte», Fischer 2015

Hanna Engelmeier: «Trost. Drei Übungen», Matthes & Seitz 2021

Peter Fox: «Schwarz zu Blau», Single, 2009

Svenja Gräfen: «Radikale Selbstfürsorge. Jetzt! Eine feministische Perspektive», Eden Books 2021

Mariame Kaba u. a.: «Let This Radicalize You: Organizing and the Revolution of Reciprocal Care», Abolitionist Papers 2023

Erich Kästner: «Doktor Erich Kästners lyrische Hausapotheke» [1936], Atrium 2017

Ruth Klüger: «weiter leben. Eine Jugend», Wallstein 1992

Erich Wolfgang Korngold: «Die tote Stadt», Oper, 1920

Lasse Lehtonen: «Yuming's The 14th Moon», Bloomsbury 2022

Nicholas Meyer: «The Day After – Der Tag danach», Film, USA 1983

Nena: «99 Luftballons», Single, 1983

Brigitte Reimann: «Franziska Linkerhand» [1974], Aufbau 2023

Righeira: «Vamos a la playa», Single, 1983

Tali Sharot: «The Optimism Bias – A Tour of Our Irrationally Positive Brain» [2010], deutsch: «Das optimistische Gehirn – Warum wir nicht anders können, als positiv zu denken», Springer Spektrum 2014

Nadia Shehadeh: «Anti-Girlboss: Den Kapitalismus vom Sofa bekämpfen», Ullstein 2023

Alena Smith: «Dickinson», TV-Serie, 2019–2021

The Smiths: «Ask», Single, 1986

Ultravox: «Dancing with Tears in My Eyes», Single, 1984

Isabel Wilkerson: «Caste: The Origins of Our Discontents», Penguin 2021, deutsch: «Kaste: Die Ursprünge unseres Unbehagens», übersetzt von Jan Wilm, Kjona 2023